AF274548

TEATRO
Y ARTES ESCÉNICAS

EL NUEVO ENTE
Y SU IMPACTO
EN LA ESCENA TEATRAL
CONTEMPORÁNEA

20 | LIBROS DE LA ACADEMIA

TEATRO Y ARTES ESCÉNICAS

EL NUEVO ENTE Y SU IMPACTO EN LA ESCENA TEATRAL CONTEMPORÁNEA

Ariadna Patricia MARTÍNEZ CORNEJO

TEATRO Y ARTES ESCÉNICAS
EL NUEVO ENTE Y SU IMPACTO EN LA ESCENA TEATRAL
Colección Libros de la Academia

© Del texto: Ariadna Patricia Martínez Cornejo
© De esta edición: Academia de las Artes Escénicas de España

Todos los derechos reservados

ISBN del libro impreso: 978-84-18679-13-1
ISBN del libro electrónico: 978-84-18679-16-2
Depósito legal: M-10925-2024

Impreso en España – Printed in Spain.

Disponible en versión digital en www.academiadelasartesescenicas.es

Academia de las Artes Escénicas de España (AAEE)
Abdón Terradas, 4-4º
28015 Madrid
www.academiadelasartesescenicas.es

Índice

Resumen

A partir de la nueva cultura digital es que los objetos han pasado a ser representados y presentados de nuevas maneras, abriendo el espectro de lo considerado como ilusión y cerrando la brecha entre realidades y ficciones, otorgándoles nuevos grados de vida. Uno de los objetos que se ha visto con una mayor explotación es el cuerpo, el cual se ha presentado como un híbrido, en donde la interfaz permite la vida simbiótica de ambos organismos en un mismo cuerpo, pudiendo verse proyectado, fragmentado, asexuado y hasta negado en un ambiente donde las características que lo priman son otras. Para la escena, este cuerpo ha sido usado como modo de crear y presentar esos otros mundos, así como exponer, al mismo tiempo y de manera irremediable, las posibles constituciones humanas futuras y la reelaboración de las relaciones confluyentes en la escena artística y social, teniendo un impacto directo con el elemento actoral y cuestionando la(s) definiciones del mismo.

Abstract

Starting with the new digital culture, the objects has been understood like differences between the representation and presentation, seeing them like new manners of scenic illusion and closing the gap between reality and fiction, giving them new degrees of life.

One of the objects that have been mostly exploiting is the body. This body has been introducing as a hybrid body, in which the interface allows the symbiosis of life and present an object that can be projected, fragmented, without an gender or sex and even, been negated itself in where the environment change constantly. For the scene, this body has been used as a way of creation and presentation of that other worlds, almost, and by an irremediable way, exposes new possibilities of human reconstructions and the re elaboration of the relationships in the scene, having an instant impact with the actor and questioning the definitions of itself.

Palabras clave: actor, cuerpo, virtual, digital, avatar
Key words: actor, body, virtual, digital, avatar

Presentación

El uso de la tecnología ha sido parte de la evolución de la humanidad y con ella se han desarrollado y marcado las características de diversas épocas en la historia humana. Por su raíz griega, la palabra tecnología proviene de τεχνολογία (*technología*)[1] la cual abarca a todo el conjunto de teorías y técnicas, que bien pueden ser instrumentos o procedimientos que permiten el aprovechamiento de un conocimiento. En este sentido podemos marcar como ejemplos no solo a las herramientas (manuales o maquinales), sino también a la escritura, la energía, entre otros, así como sus campos de estudio, siendo estos diferenciados, entre otros campos, como tecnologías duras (tangibles) y tecnologías blandas (intangibles), por lo que la biotecnología o la lingüística entrarían en la categoría de tecnología blanda. Este concepto de tecnología blanda, es a la que hace alusión la psicología al marcar como definición de la misma palabra "el establecimiento de un lenguaje propio, ya sea científico o artístico [...]" (Encinosa, 2016:2) y esta definición es la que podríamos poner como la más flexible y –hasta cierto punto- adecuada al hablar de los avances en nuestra época.

1 Esta definición y etimología es la que presenta la Real Academia de la Lengua Española en el año 2014, sin embargo no ha sufrido modificación alguna. Claro que dicho abordamiento conceptual es solo para marcar un inicio en el entendimiento del mismo, pues es obvio que la idea de tecnología se aborda y desarrolla de maneras un tanto distintas dependiendo la época y el campo de estudio en cuestión.

A partir de las primeras máquinas, es que la relación con el cuerpo y el humano se vio modificada; pues una de las características entre la relación máquina-hombre y con la cual se empieza a gestar el inicio de la virtualidad y la llamada estética posthumana y transhumana[2], es la idea principal de que el hombre funge como una especie de controlador supremo y jugador modificable ante la máquina, pudiendo observar dicha relación desde las creaciones de las marionetas, los primeros autómatas y máquinas de trabajo, hasta el crecimiento que tuvo la creación y uso popular de la Red. A esto le sumamos el hecho de que con las máquinas se crea la "ilusión" de presentar un sustituto del hombre, teniendo como base estética la búsqueda de un aspecto mimético del mismo.

La proliferación que tuvieron estas concepciones permitieron a las expresiones artísticas retomar el constructo objeto-creación/artista-espectador y redefinirlo de acuerdo a la nueva realidad social que se presentaba.

Los paisajes se vieron modificados, llegando a concebir nuevos paradigmas como el *big data*, el paisaje digital, o más recientemente los mundos bioinmersivos; en la sociedad el proceso comunicativo cambió y uno de los cambios más evidentes es la mediación dada por una dispositivo digital en nuestras comunicaciones; la relación con nuestros cuerpos ha ido mutando a partir de la concepción de la prótesis (considerada como una de las primeras máquinas relacionadas directamente al cuerpo humano), las cuales ya poseían un lugar en la sociedad hace varios años atrás.

2 La estética posthumana posee un amplio estudio filosófico, social, tecnológico y artístico, el cual se cuestiona sobre los limites ya no solo corporales, sino también los definitorios como humanos, partiendo desde el interrogante sobre las distinciones entre lo humano y lo no humano. Por su parte el transhumanismo propone no solo la superación de los límites naturales del humano, sino que también propone su eventual consecuencia en la separación mente-cuerpo a través del mejoramiento tecnológico.

Si todo alrededor cambió, es lógico pensar que también el arte mostrara cambios. Podemos mencionar una interminable línea del tiempo sobre los cambios que se han gestado a través de la historia, a partir de la evolución tecnológica, mas sin en cambio, en este trabajo nuestro interés se basa en la relación del arte con la tecnología contemporánea y sus nuevos campos.

Estéticas como el *net art*[3], el videoarte, la escenografía aumentada, el *VR*, el modelado digital, entre muchas otras áreas, han permeado en la actividad teatral, reorganizando sus elementos constituyentes.

Tan solo en las últimas décadas se han desarrollado tecnologías como el uso "holográfico" para crear *idols* virtuales y sintetizadores de voz, los cuales han sido dispuestos en la creación de obras dramáticas o teatrales y que, claramente han tenido impacto en el cuerpo del actor. Las modificaciones ya no son forzosamente matéricas y físicas (como en el Ballet tríadico de Oskar Schlemmer o el teatro con robots creado en Japón), ahora se vuelven externas y hasta cierto punto inteligibles, obligando al actor a modificar su relación con los nuevos elementos escénicos y con su mismo cuerpo.

De una manera general, Schiavoni expone ante este panorama

> [...] O sentido de "perder-se numa imagem" parece estar associado nesse caso à ideia de se deixar levar pelo que os olhos veem, deixar-se encantar, como se a vista pudesse pre-

3 El *net art* forma parte de las llamadas artes digitales, las cuales usan como fuente y soporte creativo los dispositivos digitales y virtuales de la época contemporánea; es aquí donde las manifestaciones artísticas del *big data* (como las que trabaja la artista Nathalie Miebach), también llamada *art data* encuentran su categoría y estética. Se puede hallar más información y de una manera general en el escrito de Claudia Giannetti "Estética digital. Sintopía del arte, la ciencia y la tecnología" 2002.

senciar um sentido mágico e impossível de ser realizado com base na situação imediata do sujeito e das leis de seu entorno.

[La sensación de "perderse en una imagen" parece estar asociada en este caso con la idea dejarse llevar por lo que ven los ojos, quedar encantado, como si la vista pudiera presenciar un sentido mágico e imposible de logro basado en la situación inmediata del sujeto y las leyes de su entorno-] (2018: 170)

El presente trabajo tiene como finalidad el estudio y análisis de dichos cambios y propuestas actuales escénicas, así como las interacciones formadas entre el actor y la máquina, trasladando –si es posible- al cuerpo contemporáneo actoral a una realidad virtual y lo que esto, a su vez, conlleva. ¿Cómo modificaría este nuevo actor o ente a la escena contemporánea? Ante estas situaciones podemos reabrir la querella artística en donde sale la duda sobre la creación artística y los nuevos horizontes que se plantean ante estos avances.

Delimitación y planteamiento del problema de investigación

El problema central de este trabajo se basa en la transmutación del actor carnal y psicológico a un actor virtual en la escena contemporánea, así como las consecuencias que derivan en una concepción de la escena contemporánea nueva.

Como ya se ha establecido, dicho tema envuelve diversos puntos que bien pueden dar para una investigación por sí mismos; sin embargo –y considerando la relación histórica de la máquina y el hombre como referentes- muchos teóricos y artistas concuerdan que el punto de inflexión que abrió y globalizó el tema del nuevo humano o nuevo ente, fue la aparición del *cyborg*. Un ser que modifica la idea de la máquina y la pone a un nivel igual al humano y del cual surge la idea común de un cuerpo híbrido. Donna Haraway en su escrito *Manifiesto para cyborgs* (1995) nos planteó la visión de entender a cualquier humano moderno como un *cyborg*, el cual no se define solo por la necesidad de una prótesis para cumplir funciones que se le dificultaban o que antes no podían ejercer. A partir de las creaciones en las plataformas de la web, en especial con la Web 2.0, es que "[...] los humanos-*cyborg* se redefinen a sí mismos debido a la inmersión en la Red [...], constituyendo una sociedad cibernética [...] Esta ve la sociedad como un sistema que necesita un lenguaje común en el proceso de retroalimentación con el mundo exterior" (Gaviria, 2018: 194,195); es decir, sus comunicaciones, pensamientos y sensaciones se ven modificadas y mediadas a partir de una máquina externa que se vuelve una extensión del cuerpo.

Con esto, nuevas realidades e hibridaciones con el cuerpo van apareciendo entre ellos, la "imagen-pantalla" nos muestra una falsa autonomía humana, así como la posibilidad de una cultura autómata y desdoblada en otros mundos.

Los mundos bioinmersivos (ver mapa 1) y el teleperformance generan una ambigüedad entre lo físico y lo no físico, cuestionando –y en conjunto con los conceptos anteriores- la imagen del actor como un cuerpo con historicidad y presencia al ser volcado a un soporte en la realidad virtual, en donde su nueva composición se vuelve física y virtual, con una constitución en datos y códigos binarios, y en donde su biología se ve transgredida para pasar a ser parte del nuevo mundo sin dejar su presencia en el mundo cartesiano.

Realmente no se puede establecer una fecha y lugar específico donde se gestionó este fenómeno, pero si podemos identificar las manifestaciones que centraron su atención en el ámbito escénico. En el 2005 la corporación Yamaha, en Japón, creo un sintetizador de voz llamado *vocaloid*, el cual decidió, como vía de promoción, la creación de un "alma virtual" desarrollado como el ser que utilizó el sintetizador como parte de su constitución; el resultado fue el nacimiento de la primer *idol* virtual y proyectando a la marca *Vocaloid* como los creadores de nuevos artistas musicales. Otra propuesta que tuvo un impacto muy similar fue la implementación de los actores digitales creados por Hollywood para mostrar nuevas posibilidades de mundos, siendo la modificación del actor, ya no física, sino basada en la escultura digital para llevar a nuevos límites los cuerpos antropomórficos. En el campo de la escena teatral, podemos mencionar la implementación del actor holográfico puesto por Laurence Olivier debido a cuestiones de salud. Este "nuevo actor" permitió la presencia de Olivier, realizando sus acciones en el tiempo y lugar donde debía estar, pero que, por una enfermedad, le era imposible. Por si fuera poco, estos ejemplos abren otros hilos a seguir, como el hecho de la presencia dada a través de la ausencia, sustituida a su vez por la imagen pantalla; el entrecruzamiento de tiempos y lugares en un mismo punto o con opción al alargamiento prolongado y los distintos niveles de interacción entre objeto-espectador y actor-objeto-espectador, son algunos otros puntos que dichos ejemplos nos muestran.

Así pues, podemos plantear de una primera manera, una serie de características que engloban este tema de investigación y permiten analizar el porqué de la creación de este nuevo actor y si es posible llamarlo así.

1.- El cuerpo, al igual que el actor en sí, es visto como una hibridación con la facultad de materializarse en la escena y en el espacio virtual/digital.

2.-Dichas hibridaciones parecieran poseer grados de vida, los cuales denotan nuestra relación con ellos y nos presentan múltiples posibilidades artísticas, las cuales, a su vez, responden (o intentan responder) a las problemáticas que las nuevas tecnologías nos traen.

3.- Algunos investigadores como Anabel Paoletta (2019) mencionan la configuración de un modelo híbrido teatral como respuesta ante los cambios que trajo consigo el cuerpo tecnológico. Aquí lo interesante es analizar la existencia de dicho modelo híbrido y sus características.

4.- Ante tales ejemplificaciones en la escena contemporánea es inevitable preguntarnos sobre las puestas en escena latinoamericanas y mexicanas ante este tema y reconocer si se utiliza dicho ente para la creación y/o ejecución de las piezas escénicas.

Justificación

Los motivos por los que este tema es retomado como punto de investigación, es el hecho de poder conocer cómo estas tecnologías han modificado la creación y la puesta en escena actual, así mismo se analiza el interés de estas mismas al incluir a este nuevo ente en la constitución escénica, siendo presentado como un "actor digital".

Desde que los años 70's permearon el uso tecnológico de una manera masiva en diversos niveles y campos sociales, podemos observar cómo dichos cambios fueron modificando las creaciones artísticas, expandiendo sus campos de trabajo y ofreciendo distintas miradas ante esta nueva realidad. Con la aparición del concepto del *cyborg*, la mirada ante las modificaciones corporales ha desarrollado una serie de productos digitales o virtuales, los cuales tienen como uno de sus intereses el mejoramiento de lo entendido como humano y los límites que dicho concepto conlleva.

En los años 90´s otro concepto entró en el campo de los avances tecnológicos y su estudio; el llamado posthumanismo establecía una nueva visión encargada de la exploración sobre las preocupaciones y alcances de los nuevos (y no tan nuevos) artefactos tecnológicos y sus aplicaciones en el mundo. Se le considera como un "fin del sujeto", entendiendo a este sujeto "[…] como uno que promulgaba el proyecto humanista y su creación de supuestas categorías inalterables y el cual ha sido destituido" (Mejía Iván, 2015: 32); otro concepto es que el posthumanismo puede ser entendido como un "movimiento cultural que manifiesta su deseo por la alteración del cuerpo humano, usando la tecnología para conseguirlo […]" (Ídem: 31). Con estos panoramas las preguntas no solo se centran en los límites corporales y éticos para el desarrollo de la inteligencia artificial, el perfeccionamiento humano, el papel de las prótesis y el uso de la Red, sino que también nos cuestiona el papel de las artes en este terreno y su veracidad como campo de la creación humana. La discusión generada sobre las consecuencias de esta implementación, con el fin de alcanzar nuevos niveles artísticos, ponen en entredicho la contraparte carnal y psicológica que un actor humano pueda ofrecer a las artes, generando a su vez, una coyuntura en la idea de que las artes son exclusivamente humanas.

Ante esto, se ve una necesidad de establecer parámetros que definan las características de lo que puede y no puede ser un actor y conocer sus impactos en las creaciones escénicas mexicanas y latinoamericanas para poder comprender las nuevas miradas artísticas y sus posibilidades futuras, así como explorar las modificaciones de los elementos que componen al acto teatral con este nuevo personaje.

La necesidad de exponer estas nuevas creaciones actorales, se basa en otra necesidad que busca la comprensión de nuestra actual realidad y cómo esto nos modifica tanto como creadores y espectadores, permitiendo la exploración de nuevas posibilidades creativas.

Teóricamente existen múltiples escritos y análisis sobre la virtualidad y el posthumanismo, sin embargo, y en comparación, el área artística lleva pocos años indagando sobre este tema, visto desde una perspectiva escénica, por lo que esta investigación pretende no solo ampliar el campo de investigación en dicho campo, sino también plantear una serie de cuestiones, como las creaciones mexicanas digitales y el entendimiento de lo que llamamos actor en la actualidad.

Objetivos

Los objetivos con referencia a este tema, tienen su eje en la transmutación del cuerpo actoral con las nuevas tecnologías virtuales y su relación con ellas, analizando las modificaciones que trajo consigo.

El otro punto a investigar es reconocer si a este nuevo ser en la escena, podemos llamarlo "actor" y en qué se basa para poder identificarlo como tal. Esta cuestión nos llevaría a replantearnos la definición del actor y sus distintos usos escénicos, teniendo especial enfoque en el panorama teatral latinoamericano y el panorama teatral mexicano. Para lograrlo se necesita conocer las bases históricas y artísticas específicas que decantaron en la creación y la implementación de este nuevo ente en la escena contemporánea. Por eso, con base en un método histórico-comparativo (como primera base), se expondrá dichos cambios y las consecuencias que produjeron en la escena teatral, formando así, un análisis respecto al tema y las problemáticas planteadas.

Marco teórico

La creciente tendencia hacia la desmaterialización de la realidad, de las relaciones y de los mismos sujetos, dada por la aparición de las realidades virtuales, ha despertado una inquietud sobre el uso de la tecnología y sus posibilidades, creando una problemática acerca de sus motivos, sus consecuencias y sus límites. La tecnología ha sido un factor importante en la historia del ser humano, cargando consigo un acercamiento a nuestro entorno, regulando nuestra realidad y proyectando como posibles nuestros imaginarios. La creación de nuevos mundos es lo que permite el quiebre a las normas conocidas sobre el cuerpo del sujeto, la identidad y sus límites.

Si bien parece ser que el nombre de realidad virtual resulta paradójico, debido a que contrapone dos conceptos que entendemos como opuesto en un mismo nombre, existen teóricos como Pierre Lévy que manifiestan que "lo virtual no es, [...] lo opuesto a lo real, sino una forma de ser fecunda y potente que favorece los procesos de creación" (1998: 8), por lo que la realidad física y lo virtual pueden convivir en un mismo espacio, sin llegar a la necesidad de mostrarlos como incompatibles. Sin embargo, esto no exime el hecho de mostrar como posible las modificaciones corporales dadas por estas virtualidades y es en estos hechos donde el posthumanismo apela a dicha virtualidad como uno de los factores que conllevan a la reconstrucción corporal. El posthumanismo se presenta como "un movimiento cultural que afirma la posibilidad y el deseo de alterar fundamentalmente la condición humana por medio de la tecnología y que tiene sus orígenes en los años noventa" (Iván Mejía, 2015: 31). Dicha noción de modificación corporal es lo que da inicio a un nuevo proceso de encarnación o, más bien, transformación corporal, provocando pensar en el cuerpo intervenido como parte de otro ser (ver mapa 2). Santaella en su escrito *Culturas e artes do pós-humano. Da cultura das mídiasá cibercultura* (2010) menciona que "[...]este otro ser, entendido más como un cuerpo mediatizado, se compone esencialmente por algoritmos que se retroalimentan con el cuerpo físico y carnal en la escena presentada [...]", dando como resultado el nuevo antropomorfismo[4].

Si este proceso de transformación se refiere al proceso de representar al sujeto o alguna idea referente al mismo (RAE, 2019), entonces esto, a su vez, provoca una nueva noción del sujeto y el cuerpo, los cuales ya no precisan poseer una –aparente- fisicidad para tomarlos como existentes (*op. Cit.*). Con la ayuda de los softwares para capturar, convertir y reproducir imágenes, se permitió explorar nuevas posibilidades ante la imagen del cuerpo, en donde el mismo presenta conceptos como la desterritorialización del sujeto y la aparición del actor-avatar, siendo enmarcados en una tecno-escena y en una virtualidad.

Primeramente, debemos entender a la tecno-escena como "la conjunción de la tecnología y las artes escénicas" (Kozak, 2012: 106). Retomando el concepto antes expuesto sobre la

4 El nuevo antropormofismo se basa en la idea del mundo bioinmersivo, el cual presenta a la vida y su comprensión como un sistema de interacción entre lo humano, lo animal, lo artificial y lo denominado como *cyborg*.

definición de tecnología, es que podemos mencionar que esta "tecno-escena" ya existía desde los comienzos del teatro con la implementación griega del *deus ex machina.* Claro que la maquinaria griega no cumplía con las mismas funciones que nuestra tecnología puesta en escena hoy en día, por lo que nuestra tecno-escena se ve recreada por la presencia de los robots, la captura de acciones mediante sensores de movimiento, el empleo de hologramas y la utilización de las redes sociales. Aunado a esto, Kozak menciona que "toda práctica artística que experimenta y problematiza el fenómeno tecnológico puede considerarse como poética tecnológica[5]" (*Ibíd:* 182). Dicho esto, entonces podemos determinar una serie de elementos que envuelven a este fenómeno:

1.- La creación de seres y entornos virtuales, los cuales poseen sus propias características.

2.- La interacción de actores/espectadores y el de lo orgánico/artificial se vuelven parte de un espacio común, el cual puede presentarse o no, fragmentado, proyectado e inmersivo.

3.-La finalidad de estos entornos virtuales parece no ser solamente la de crear ambientes inmersivos, sino también la de generar a través de la interacción entre los actores del entorno real y la proyección de imágenes, cuestionamientos éticos acerca de la pérdida de la presencia humana, así como los nuevos modos de abordar la subjetividad en un mundo tecnologizado.

Estas nuevas modalidades de representación y presentación escénica y actoral son sostenidas por la interconectividad a una red global, la cual, según Lévy (*op.cit*), nos brinda la posibilidad de generar una "conciencia universal" dada por distintas

5 Las poéticas tecnológicas o tecno-poéticas son consideradas como productos multimediales, los cuales admiten el funcionamiento conjunto de diferentes medios técnicos y tecnológicos en la concepción de la obra dramática.

formas de ampliación de las capacidades cognitivas humanas, llegando hasta el punto de una epistemología no humana; esto abre el espectro de la creación más allá de lo humano, es decir, lo post y transhumano.

Sin embargo, hay otros como Hernández (2016) que expresan que dicha conciencia universal produce una generalización de lo subjetivo, expresados por mundos denominados bioinmersivos, en donde, "los sujetos se vuelven *cyborg*-actores, que no llegan a perder la noción de habitabilidad, pero que, si llegan a experimentar un estado de otredad virtual, [...] donde el espacio y el tiempo funcionan de manera desarticulada a comparación del mundo conocido" (pp. 167). La conciencia del actor/sujeto se mueve por espacios donde no existen parámetros conocidos anteriormente, transformándolo, en consecuencia, en una "biomasa"[6].

Aquí podemos encontrar una constante en este mundo virtual, y más aún, en su proyección escénica: es necesario presentar un patrón de retroalimentación continua para que ese mundo o actor digital, puedan construirse.

Esto puede sonar paradójico, pues una de las características biológicas de estos mundos bioinmersivos, es su cualidad de "libertad" frente al regimiento estricto de control que proponen los computadores; sin embargo, como iremos viendo más adelante, esta idea, aún resulta más una noción o deseo utópico a lo que se aspira llegar.

Es lógico pensar que, en ese caso, los mundos bioinmersivos son difíciles, sino casi imposibles relacionarlos con la escena teatral actual, pero a pesar de esto, existe el llamado modelo

6 Si bien este concepto no lo clarifican los autores, tomaremos como su entendimiento a la masa carnal del sujeto como un producto primario, el cual sufre su transformación en un verdadero híbrido, solo cuando ocurre esta conectividad con los biomundos virtuales, fragmentando su cuerpo y conciencia por medio de los recursos digitales.

teatral hibrido, el cual nos permite dar un nombre a este tipo de manifestaciones digitales en el teatro.

El modelo teatral híbrido, no es nada más que "aquella obra que incorpora como parte de su composición dramática y/o escénica alguna tecnología digital/virtual" (Paoletta, 2019: 36) A pesar de esto, Paoletta menciona que esta definición general, se queda rezagada en algunas cuestiones, tal como la interacción entre los participantes con la tecnología digital; por lo mismo es que la autora propone ampliar la definición, entendiendo al modelo híbrido teatral

> [...] como aquel que incorpora dispositivos digitales en su composición, [...] pero que también establece una interacción entre los dispositivos digitales y los actores, [...] y presenta como consecuencia el cambio en el modo de ver [...] bien sea por diversas imágenes proyectadas y/o comprensión de la acción. [...] la acción de los actores ya no solo se entendería como movimientos físicos, sino que también comprendería a aquellas acciones que se representan en una pantalla y que pueden diferir de las acciones físicas, las cuales tienen una relación con el propósito de la obra. (Íbid: 36,37)

Este término del modelo híbrido teatral, se dio a partir de la propuesta de Janet Murray ante el ciberdrama, el cual "cuestiona la relación entre teatro y ciberespacio, así como su supuesta idoneidad y que encuentra un punto en común con la cibernética" (Pellisa, 2013: 24). La cibernética se resume como un campo que intenta abarcar el ámbito de los procesos de control y de comunicación en máquinas y en seres vivos; la diferencia que presenta con la informática –en este caso los espectáculos ciber teatrales- es que esta segunda "encuentra una relación más estrecha con la IA o el razonamiento computacional" (Íbid: 25), encargándose de la obtención de la información por medios automáticos. En otras palabras, se encarga de procesar los datos para suministrárselos a un medio automático proveyéndole de nueva información. Como ejemplo de esto tenemos a las obras *El mago de Oz* y *Amores prohibidos 2.0* (Figura 1). En dichas obras los espectadores de la misma, sí están presentes -de alguna manera- en el desarrollo de la historia, enfrentándose a unos prototipos de "actores digitales"[7], las cuales, a su vez, marcan una experiencia de espacio compartido, visto como público.

Además de conocer las reacciones y comportamiento durante el espectáculo por medio de los scripts que proporcionaba el programa. En estas obras, el espectador pasa a ser un telespectador y la presencia se convierte en telepresencia[8]; la inmediatez y la actuación mutan en un producto que José Luis Brea definió como postmedial[9]. Precisamente es en este punto donde se empieza a relacionar lo virtual como una extensión de lo real, aglomerando en ella a aquellas artes que, como decía Brea, requieren algún tipo de dispositivo para existir. Artaud (1938, 2019) ya había realizado una serie de reflexiones al respecto, las cuales, si bien no es conveniente llamarlas virtualidades, si podemos nombrarlas como realidades paralelas, pero fue en los años 80 con Jaron Lanier que se acuñaría propiamente el concepto de virtualidad, el cual "[...] describe a un entorno sintético, [...] con el cual podemos interactuar y sentirnos <<inmersos>> [...]" (Leibrandt, 2007: 9), siendo

---

7 Se les dio ese nombre debido a que sus cuerpos estaban representados por avatares y eran estos mismos los que ejercían las acciones de la obra.

8 Utilizamos el prefijo tele para referirnos a aquella distancia entre la interactividad de persona a persona, las cuales se pueden conectar a través de un dispositivo tecnológico, transmitiendo información continua y que se pueden encontrar combinados con la RV.

9 Lo postmedial para Brea engloba a cualquier arte que tenga una postproducción computarizada y que esté conectada –comunicada- a la Red, esbozando un panorama abierto, des-jerarquizado y descentralizado, asegurando una transformación profunda del espacio tecnológico, social y artístico.

generado constantemente por las nuevas tecnologías informáticas.

Deleuze en su escrito “La lógica del sentido” explica que una de las consecuencias directas de este tipo de presentaciones escénicas se da con el *aion*; el *aion* supone “la existencia de un pasado y un futuro ilimitados, que se hacen a cada instante del presente y por lo tanto le garantizan una perpetuidad ilimitada” (pág. 8). Es decir, que el *aión* de Deleuze admite la existencia de un pasado y un futuro sin límites propuestos, que nacen del presente, garantizando una perpetuidad ilimitada[10]. Esta característica es difícil de comprender si se toma como punto de partida la visión realista, donde los objetos externos y sus características existen, sin importar si se encuentra o no un receptor que los perciba. Esta visión sirve para entender una realidad inmediata, la cual existe sin importar si es “sentida”, teniendo como opuesto a aquella otra realidad mediática, que reconstruye a los sujetos y los vuelca en un nuevo entorno, en donde se manifiesta una teatralidad en el mismo. Este concepto de teatralidad lo vamos a retomar de Dubatti (2016) el cual menciona que la misma teatralidad es una condición inherente a lo humano.

Dicha teatralidad se presenta como característica de todas las prácticas, por lo que no es erróneo marcar como teatral a este accionar y construcción de un nuevo ente en un mundo donde lo virtual se hace parte del entorno en cuestión.

Ante estas cuestiones, nos preguntamos sobre el impacto que ha tenido este desarrollo y las nuevas tecnologías en nuestra vida, nuestras concepciones y relaciones con nuestro entorno mismo. El yo, se puede dividir en un yo interno, uno colectivo y uno digital y si esto lo trasladamos a la escena,

10 Deleuze explica que el Aión no precisa ser infinito, sino que se subdivide infinitamente entre pasado y futuro (Ibíd)

entonces podemos hablar que ahora existen un actor real o carnal, uno imaginario, entendido como el personaje que interpreta y uno virtual, el cual se muestra como esa imagen recodificada en otro espacio y modificando la noción clásica[11] que se tiene del mismo.

¿Quién o qué será el nuevo ente puesto en la escena? Esta es la pregunta que después de años de desarrollo tecnológico empieza a manifestarse en el campo artístico, la cual está ligada por desarrollo a los conceptos antes expuestos, pues son estos mismos los que conforman parte de sus características.

Por último, cabe mencionar que en esta investigación se pondrá un enfoque al análisis de las cualidades que se presentan en estas manifestaciones, presentando como punto de apoyo algunos fragmentos de entrevistas hechas a profesionales del teatro y la escena (actores, escultores y directores), dando un contrapunto en la visión teórica-analítica con una visión empírica o creadora sobre el uso de estas modalidades, esto con el fin de proveer una mirada y análisis más extenso y completo, teniendo ambas partes de este fenómeno.

Marco conceptual

¿Cuál es la definición del cuerpo? Esa es una pregunta muy extensa y casi inabarcable, pues su definición y entendimiento del mismo se expande a través de la historia humana y el por qué se vuelve tan esencial que posee también una respuesta muy similar. Si bien podemos exponer, que de una manera amplia,

11 Tomaremos en este escrito como noción clásica actoral a aquella relación escénica entendida como un sistema que requiere a un actor que transmita un mensaje, realice una acción y encarne a un personaje, que necesite a un receptor, un espacio y un tiempo para poder generar un convivio físico.

el cuerpo es "aquel organismo con el que nos relacionamos en el mundo, poseedor de tiempo y espacio que condiciona nuestra existencia"[12] (Mejía, 2015:13), es correcto también mencionar que esta misma se ve modificada con la incursión de injertos ajenos a él. Esta condición de combinación entre diferentes materiales para un propósito concreto, es lo que nos da pauta para poder analizar los cambios en él introducidos, y más aún, lo que significa este nuevo sujeto en nuestra realidad.

La razón por la que en este escrito se hace importante partir de lo entendido por cuerpo, es porque de él nace la preocupación sobre el futuro actoral y escénico en esta época "súper tecnologizada". Recordemos que la cuestión del cuerpo en las artes y sus múltiples reflexiones han sido parte de su misma re-estructuración artística, siendo el accionismo vienés (en las artes visuales) quien nos otorgará esa visión del "[...] cuerpo explícito, informe y visceral, reconstruido [...] y negado al mismo tiempo" (Íbid: 38).

El hecho de que se mencione al accionismo vienés, no significa que de ahí se pretende partir, pues si bien es interesante su propuesta en las artes visuales, no lo es para el arte escénico teatral, en donde dicho concepto ha sido siempre pieza fundamental para su análisis, pues es en él donde encontramos al actor y lo entendemos como "un ser que presenta emociones, acciones, creando un mundo en él mismo y en donde habita ese cuerpo"[13] (Paoletta, 2019: 3).

---

12 Iván Mejía, en su libro *El cuerpo posthumano* hace uso de múltiples definiciones que han consolidado lo entendido por el cuerpo, haciendo relevante su constitución como objeto de construcciones simbólicas, en la medida que es entendido como perteneciente a una cultura, teniendo un carácter histórico y social.

13 Esta definición de lo entendido como cuerpo del actor se retoma del escrito de Ana Paoletta "Arte y tecnología: Cuerpo, teatro y virtualidad Arte y tecnología: Cuerpo, teatro y virtualidad" el cual a su vez, retoma las ideas de Pavis sobre el actor y el personaje.

Ya hemos expuesto que han existido cambios en este concepto desde la introducción del *cyborg*, presentándose nuevos personajes o "actores" en la constitución de la escena, y es aquí donde surge la otra cuestión ¿qué es el actor hoy en día? si tenemos una proliferación de objetos que parecen ocupar poco a poco ese lugar, modificando las ideas establecidas de las propiedades y características que carga consigo el signo actoral.

Es en este sentido que para Santaella (2010) el nuevo antropomorfismo, presenta una importancia en su estudio, que si bien no pretende dar una respuesta a la cuestión de lo entendido propiamente como actor contemporáneo, sí pretende acercar múltiples teorías que conforman este fenómeno y que tiene impacto en varios ámbitos que confluyen en él; así pues el cuerpo conectado en las redes, el cuerpo de los avatares, de la inmersión híbrida sumergida en un entorno virtual caótico es lo que permite estas nuevas expresiones, mostrando al nuevo cuerpo "[…] como uno que presenta la posibilidad de conjugación de uno o varios de estos elementos mediáticos y digitales" (íbid: 29).

Paoletta (2019) hace mención, que si bien el nuevo antropormorfismo y los mundos bioinmersivos no cuentan con las características suficientes para usarlos como puntos de estudio ante este fenómeno, pues su objetivo se centra más en su uso y alcance a un nivel biológico-social, sí permiten abrir los nuevos horizontes trazados por el nuevo proyecto humanista[14], siendo su principal exponente Dmitry Itskov, fundador del proyecto "iniciativa 2045". Este proyecto consiste en empren-

14 Anteriormente se había propuesto un proyecto humanista, en donde se pretendía mostrar y alcanzar el esplendor de lo humano universal a partir del retorno al propio concepto de humanismo emprendido desde el Siglo de las Luces, dando como resultado su proyección sobre el conjunto histórico de las culturas, eliminando la idea de multiculturalismo, y presentándose como un proyecto de síntesis e innovación.

der una producción masiva de avatares, los cuales –se pretende- tendrán la capacidad de descargar la conciencia humana, junto a su personalidad y la memoria del individuo, creando una especie de *cyborgs* holográficos, logrando la idea de la inmortalidad. Este proyecto fue el que impulso la fascinación por los avatares, proponiéndoles nuevas funciones, más allá de las ya expuestas en el campo de los videojuegos o de las redes sociales.

Este proyecto se divide en cuatro fases, siendo esta época la fase A e inicios de la fase B[15]. Como consecuencia de esto, múltiples investigadores como Tracey Warr, han realizado experimentos que promuevan estas nuevas funciones en los campos artísticos, tornándose en un artemídia. Este concepto lo retoma Wentao Wang para explicar a "todo aquel arte que se incorpora al funcionamiento tecnológico para subvertir la función de la máquina, logrando manejarla en un sentido diferente del que fueron programadas y poder discutir su modo de funcionamiento" (2019: 19). En ese sentido, Wang menciona que el artemídia se presenta como una característica inherente a la digitalización, teniendo como finalidad transmitir el metalenguaje de la nueva sociedad mediatizada y virtualizada.

Ahora bien ¿de dónde proviene el avatar?, pues bien, primeramente, mencionaremos que la palabra 'avatar' hace referencia a "la reencarnación o transformación del cuerpo en la religión hindú [...]" (Pellisa, 2013: 29), viéndose como una

15 Las cuatro fases del proyecto se dividen en fase A (2015-2020) en donde se plantea crear en los avatares una copia robótica de un cuerpo humano, controlado por un BCI (brain computer interface). La fase B (2020-2025) pretende trasplantar el cerebro humano al final de su vida en un avatar; la fase C (2030-2035) consta de poner a los avatares con un cerebro artificial, donde la personalidad humana le es transferida de la persona a punto de morir. Por último, la fase D (2040-2045) ya propone la existencia de un avatar holográfico, inmortal y superior al humano. Su manifiesto puede checarse en http://2045.com/manifest/

representación de Dios ante las cualidades mortales, es decir, que dicha transformación evoca al poder divino en el cuerpo humano.

Esta palabra se retomó, en el campo de la virtualidad, para indicar a las representaciones de los usuarios en la red y siendo visto como un *alter ego* digital en el espacio imaginario, al cual se le puede dotar de forma y voz al gusto. Esta idea comenzó a utilizarse en juegos de rol como Hábitat (1987), siendo dos de sus mayores éxitos los juegos *El mago de Oz*, ahora Secondlife y *Amores prohibidos 2.0*, abriendo la idea no solo del avatar como un actor, sino también de los espectáculos ciber teatrales, ya mencionados anteriormente.

Si bien el concepto que retoma Wang no es –a mi parecer– el mejor para poder explicar todo lo que conlleva el uso artístico de las tecnologías digitales, sí nos permite acercarnos a todo lo que concierne en este campo especificado por el uso de las artes y las nuevas manifestaciones vistas como extensiones del actor, es decir, lo virtual y lo digital.

Capitulo 1
El cuerpo y la máquina

El cuerpo ha sido objeto de diversas reflexiones a lo largo de la historia; conceptos como los títeres, los androides, las máquinas, los *cyborg*, y más recientemente, los avatares, se vuelven parte de su estudio filosófico y artístico, siendo variables en cuanto al tiempo, el lugar geográfico y el campo de estudio, por ejemplo, para el occidente "el cuerpo se ha representado como un cuerpo doliente, poseedor de virtudes y defectos [...]" (Mejía, 2015: 14) y siendo diseccionado por las distintas materias médicas en donde las principales divisiones se presentan en el entendimiento del mismo, como un conjunto de órganos que aparentan una separación, presentándonos un esquema donde existe una parte racional y una emocional, una carnal contra una psicológica, una parte lógica frente a una emocional, es decir un esquema cartesiano. En cambio, para las culturas orientales y africanas, "el cuerpo es un sistema interrelacionado, [...] siendo un elemento de un universo entretejido [...] y el cual presenta su alteridad con los títeres" (*Ibídem*); ellos poseen su propio status ontológico diferente al del humano, siendo la fascinación el hecho de simular una vida a partir de la animación de seres que, para nuestra concepción, carecen de la misma. Los títeres son importantes de mencionar debido a que fue con ellos que se empezaron a gestar las cuestiones sobre una alteridad controlada, dando paso a la relación y creación de las primeras máquinas[16] (como el vaso de Herón de Alejandría del S. I d.C) y generando nuevas relaciones con nuestro entorno; entendamos por máquina a "aquel artificio creado, que presenta un conjunto de aparatos combinados que reciben, dirigen o regulan ciertas fuerzas (energías) y las transforman en otra fuerza para producir un efecto determinado" (Feher, 1991: 447). Su desarrollo y más aún, su vinculación más estrecha con los humanos la podemos encontrar en la aparición del autómata[17], marcando el inicio de una serie de máquinas que portaban su propio principio de movimiento.

A pesar de que el autómata presenta la noción de una independencia propia, la idea de la "voluntad", es decir, aquello que mueve a los objetos, ya se había planteado desde hace años donde Heinrich von Kleist explicaba que la misma pasión[18] hallada en el alma de un bailarín, se encontraba en el títere que no hacía más que mostrarnos ese recorrido[19].

Llegado el siglo XX es que el desarrollo de la tecnología y las máquinas avanzó a una velocidad impensable, dando paso a nuevas concepciones; la PC, el internet, las prótesis

16 A pesar de que las máquinas son herramientas muy antiguas, fue en la Revolución Industrial cuando tuvieron su auge. A esta época se le determinó por un "maquinismo" el cual hace la referencia histórica en la introducción de las máquinas sistematizadas a los nuevos procesos de fabricación, abriendo su uso no solo al campo industrial, sino también al doméstico, al transporte y comunicación, por mencionar algunos.

17 La palabra <<automaton>> fue conservada hasta la aparición del término *robot* en 1924 por Karel Capek, trasladando sus operaciones y funciones a un ámbito industrial e informático con el concepto de automatización.

18 La pasión a la que hace referencia von Kleist, se entiende como ese "algo" que nos mueve, que nos identifica como especie y como individuo poseedor de ciertas características –que se piensan como exclusivas humanas, como la danza, la música o la escritura.

19 Este escrito llamado *Sobre el teatro de marionetas* presenta una serie de cuestiones sobre la relación entre espectador, creador y títere; sin embargo y por cuestiones útiles no las abordaremos en esta ocasión, más si ameritan una lectura por parte del lector, pues una de las cuestiones que más llama la atención es el hecho de plantear las ventajas –si es que podemos llamarlas así- y las desventajas de la marioneta en un ámbito artístico.

médicas internas y estéticas, el cine y las pantallas, llevaron a reflexionar sobre la interacción generada entre el usuario y la máquina, viéndose una relación de modificación entre ambos, abriendo un nuevo campo llamado lo posthumano, concepto que se desarrollará en las artes escénicas a partir de la relación entre la figura del actor y el *cyborg*. Indudablemente este hecho nos lleva a cuestionarnos sobre lo entendido como cuerpo, actor y realidad en esta época.

Para algunos teóricos como Fernández Aragón, la muestra de que un cuerpo pueda poseer un alma "[…] se expresa en su cara misma y se da a conocer a través de los gestos […]" (2015:115); es por eso que cabe preguntarse si el autómata, o el títere –en una primera instancia-, pueden poseer un alma, o bien, si al momento de poseer una forma humana, estos mismos generaran una autoconciencia en un intento por camuflajear su condición. De ser esto posible, entonces tendríamos que preguntarnos si estas nuevas máquinas, es decir los avatares, la IA o los hologramas pueden hablarnos de nuevos humanos con capacidades superiores y generadores de nuevos modos de expresión, relación y sensaciones y cuyo punto moderno de conexión se dio con los *cyborgs*.

Desafortunadamente en la actualidad esto se vuelve más confuso, y los límites conocidos entre la máquina y el cuerpo se ven sobrepasados. Si ya no es necesario un cuerpo físico intervenido carnalmente para lograr ese punto de conexión que mantenía la relación de lo híbrido, ¿cuál es ese nuevo punto?

Cilleruelo Gutiérrez (2013) menciona que esa conexión "[…] se da con la simbiosis que la interfaz[20] permite entre la máquina y el hombre" (pág.3). Por su parte Alejandro Pisci-

20 La interfaz, según Cilleruelo es la simbiosis hombre-máquina, en donde uno ha sido creado por el hombre como un elemento artificial y el otro ha evolucionado y es orgánico (pág. 3).

telli (2009) nos menciona que "[...] el punto de conexión es la singularidad tecnológica [...] como una instancia paradigmática que altera la vida histórica del hombre, [...] siendo reforzado con la continua creación de máquinas cada vez más inteligentes y a las cuales podemos denominarlas como <<súper máquinas>>" (pág.141).

¿Qué es el cuerpo? Definiciones en la contemporaneidad

A pesar de que la definición de "cuerpo" se sigue analizando, no significa que al aparecer una nueva propuesta las otras anteriores pierden validez. Todas poseen algo a retomar y, hasta cierto punto, se siguen manifestando como vigentes; una idea de esto es la definición cartesiana en la que se divide a la mente del cuerpo y de la posible existencia del alma en el cerebro humano. En el caso de la modernidad, el cuerpo es visto como imagen, pues "[...] es a partir de las construcciones simbólicas generadas por la interacción entre el individuo y la sociedad que se redefine [...] y adquiere nuevos modelos mentales, generando códigos y lenguajes que ayudan a conceptualizar el cuerpo-objeto [...]" (Iván Mejía, *op.cit* pág.13). La tecnología se hace presente en el cuerpo del individuo, y este sentido (con la aparición de múltiples avances tecnológicos) se trasgrede al cuerpo; las comparaciones y análisis entre cuerpo y títere, para después pasarlo a máquina de vapor-humano, ya se habían expuestos en años anteriores, pero es en esta época cuando el mismo se enfrenta ante la simbiosis que diluye la frontera entre lo orgánico y lo inorgánico, y construye un nuevo cuerpo.

Este nuevo cuerpo permite que el individuo sea creado y re-creado por el mismo humano, eliminando las nociones divinas sobre nuestro origen y siendo algunas de sus características adquiridas la posibilidad de habitar un mundo físico, de la realidad actual[21] y/o un mundo virtual, el cual se materializa principalmente en la Red, proyectándose en pantallas, y mostrando un tipo de relación cercana y re-definitoria entre el medio tecnológico, el cual, a su vez, supone adaptar un nuevo lenguaje (social, corporal e imaginativo) y el sujeto[22]. Esta relación la desarrollaremos más adelante, pero por ahora solo la mencionaremos para dar inicio a esta cuestión.

Ahora bien, cuando el *cyborg* de Haraway[23] aparece en la escena, presentando una nueva gama de posibilidades ante la imagen del cuerpo y lo humano, es que se hace la pregunta sobre lo que es este ente; pues bien, de una manera general Haraway en su escrito *Manifiesto cyborg. El sueño irónico de un lenguaje común para las mujeres en un circuito integrado* (1995), nos da una serie de definiciones que nos permiten entender a qué se refiere el concepto del *cyborg*, al cual, para diferenciarlo

21 Entendemos este mundo físico de la realidad actual, al mundo social que engloba la existencia del sujeto como parte de una estructura, con sus normas y siendo el contacto entre "carnes" lo que pone su principal diferencia de otras realidades.

22 Esta relación definitoria, la tomamos como aquella que permite un *feedback* dado por un lenguaje digital, computacional y que admiten las construcciones entre ambos organismos, viéndose uno como el soporte original, es decir, el cuerpo del sujeto, y al otro como la proyección de aquello que combina lo imaginativo con la posibilidad vista a partir de una ventana en nuestro entorno, marcando una convivencia a la cual, con el paso del tiempo se vuelve más "natural" para nosotros.

23 El concepto del *cyborg* es una abreviación de "cybernetics organism" y su término apareció en 1960 por Manfred Clynes y Nathan Kline. Este término hacía referencia a una criatura compuesta entre elementos orgánicos y maquinales, mejorando la parte orgánica y teniendo como meta la sobrevivencia humana ante entornos extraterrestres. Lo que difiere de ambos conceptos es el hecho de proponer al *cyborg* de Haraway como una extensión humana, haciéndose presente en la sociedad cada vez con más cotidianidad, y centrándose en la creación de un mejor ser humano, abriendo paso al estudio de los campos biodigitales como el ya mencionado mundo bioinmersivo.

entre décadas, lo llamaremos como *cyborg moderno*. Para la autora el *cyborg moderno* "[…] es todo aquel organismo cibernético, híbrido entre una máquina y un organismo y reconocido como un ser de ficción y experiencia viva que puede habitar mundos naturales o artificiales" (pág. 15).

Es la tecnología fusionada con el cuerpo lo que marca el índice de esta definición, por lo que sería pertinente pensar, con base en esto, que para Haraway un *cyborg*, puede serlo una persona con marcapasos, prótesis corporales, o incluso la interacción que tenemos cuando jugamos videojuegos[24]. Si ahora, tenemos esta definición que se basa en la inclusión de aparatos en la carne, ¿qué pasa con esa otra parte que todavía es orgánica? ¿Debemos entender al cuerpo ya como una hibridación tecno-corporal? Estas preguntas han generado que diversas posturas se manifiesten, siendo una de ellas, la postura neoclásica[25].

Dicha postura argumenta que el cuerpo, si bien se puede utilizar este sustantivo para llamar a diversos objetos como el cuerpo social, el cuerpo psicológico o el cuerpo artístico, es importante recordar que el cuerpo humano es inevitablemente carnal, por lo que resulta inexacto llamar a lo añadido inorgánico como "cuerpo" entendido como parte del mismo. Es decir, que para esta visión se debe hacer las distinciones entre lo orgánico y lo inorgánico, aun cuando se quiera englobar en una palabra ambos conceptos que, si bien ya muestran una

24 Haraway menciona que los *cyborgs* son entidades y metáforas. En su sentido técnico se incluyen a las personas con máquinas implantadas en su cuerpo, pero en su sentido metafórico, señalan al *cyborg* como a la persona que, unido mediante la computadora en un circuito cibernético y a través de una pantalla, interactúa con la misma, sin necesidad de que se encuentre unido a su cuerpo de manera estricta.

25 Dicho nombre es una propuesta propia, debido a su retorno a las concepciones clásicas corporales en donde al mismo se le entiende a partir de su corporalidad, ajustándolas a la época moderna-contemporánea.

relación más íntima, no significa que se vuelvan uno mismo. En esta postura podemos mencionar al teórico Jorge Sullivan (2019) que argumenta que "[…] el cuerpo se referencia a sí mismo, […] por medio de los sentidos físicos y de los sentidos emocionales, culturales y sociales[26]" (pág. 161), y es a través de estos que la modernidad ha podido relacionarlo a través de su relación con lugares e historia, con su vinculación a la sociedad, a la política, etc., y a partir de estas concepciones que construyen nuestra realidad -aparentemente concluyente-, es que encontramos un tránsito entre lo tangible y lo intangible de las cosas.

Dicha materialidad binomial parece que adquiere procesos de significación, por los cuales se puede generar estos tránsitos y al mismo tiempo presenta un sentido social con estos procesos; sin embargo, esta postura encuentra su contrapunto con la teoría positiva sobre el tecno-cuerpo[27] de Preciado, la cual considera que dicho cuerpo "[…] se expresa por y en los modos en que las tecnologías electrónicas y mecánicas confluyen en el cuerpo orgánico […]" (2019:163) (haciendo alusión a las prótesis) dotando de cualidades al mismo, encontrando al cuerpo en un espacio donde se presenta en constante transformación. Ahora bien, si existe en el cuerpo una dimensión tangible e intangible, estas dimensiones no son excluyentes una de la otra, pues su tránsito es un continuo de construcción físico-real, siendo la unión de ambos, la carne misma; es decir, la

26 Muy posiblemente Jorge Sullivan hace referencia a los sentidos emocionales que Willi Aeppli hace mención en su libro *La teoría de los sentidos de Rudolf Stelner y su significado para la educación,* en el cual Aeppli expone que a partir de los sentidos biológicos se puede influenciar nuestros sentimientos, simpatías y antipatías, siendo estos sentidos que se cultivan en la sociedad con la finalidad de evitar su corrupción.
27 El tecno-cuerpo es un concepto que sirve para mostrar de manera inmediata la distinción de la visión positiva sobre la inclusión de la tecnología en el concepto "cuerpo", ante la visión que lo desaprueba.

carne no podemos entenderla solo como la suma de tejidos y órganos, sino como una estructura de carácter ontológico que nos sirve para definir al mundo y a sí mismo como habitantes. En esta cuestión nos preguntamos ¿Cómo podemos habitar ese mundo intangible? ¿Lo podemos encarnar? Si esta nueva forma de <<corporar>> (es decir, lo que se habita, lo que está como presencia y presente) parece cuestionar la manera en cómo entendemos el cuerpo y la presencia del mismo. Si bien, el ser (de una manera general y según Sullivan) es "[...] un tipo de esencia que presenta una cualidad o condición intrínseca y natural en el mundo [...]" (íbid: 164), y que se suele mostrar como un cuerpo, transformándolo a medida de su entorno, entonces podemos afirmar que el nuevo personaje desarrollado, ese cuerpo mediatizado y digitalizado es un ser en sí, más esto no significa que posea un carácter ontológico por sí mismo. Ante esto, Sullivan junto con Preciado, señalan que la diferencia entre la experiencia de esta nueva realidad, radica en que una "es entendida como una realidad para el tacto [...]" (íbid: 164), mientras que la otra es "[...] una realidad para la vista" (Íbid). Por lo mismo considero que es más pertinente llamarlo no como nuevo ser, sino como un nuevo ente[28].

1.2 La aparición del actor-máquina

Ya habiendo explicado un poco más las relaciones entre cuerpo y máquina, así como su camino hacia un nuevo ente, podemos explorar las conexiones y características que se pre-

28 La diferencia entre ser y ente radica en que el ente hace alusión a una cosa que posee una existencia real o imaginaria, en cambio el ser conlleva a la carga y estudio de su esencia, dotándole de un carácter ontológico, el cual no podemos asegurar que tenga este nuevo cuerpo.

sentan cuando estos cuerpos aparecen en las artes escénicas, teniendo especial impacto en el actor.

Desde la última década del siglo XX es que las nuevas tecnologías de la imagen se han incluido en la escena teatral, incorporando avances como la proyección de imágenes virtuales, mas sin embargo la escena no solo planteaba el uso de estas maquinarias como fuente escenográfica, sino que también se cuestionaban acerca de las relaciones ya expuestas, teniendo un enfoque en el cuerpo del actor. Tan solo recordemos al grupo EAT (Experiments in Art and Technology) y su fabricación de máquinas de creación artística teatral en 1976, o a la "supermarioneta" que proponía Gordon Craig la cual " [...] tenía como fin la desaparición del actor, [...]" llenando su vacío con un objeto inanimado (un súper-actor) "[...] capaz de ser totalmente controlado por el director, [...] mostrando una técnica perfecta y una regulación utópica de la expresión [...]" (Paoletta, 2019: 59), es decir, el gesto, eliminando consigo toda expresión psicológica. O a la famosa "Linterna Mágica de Praga" de Josep Svoboda en donde la imagen del actor filmada era proyectada en una pantalla de modo que el actor apareciese en distintos planos, fraccionando la imagen espacial del escenario y condicionando otra mirada del espectador.

Esta nueva interacción determinaba el ver a la escena como un sistema digital que modificaba la figura del actor y su trabajo, apareciendo categorías como el teleperformance, la tecno-escena, la telepresencia y los actores *cyborg*. El teleperformance es "un espectáculo teatral que se escenifica al menos en dos espacios de manera simultánea, en ambos lugares una parte del elenco está físicamente presente y la otra aparece proyectada en imagen virtual" (Paoletta, 2019:120).

La primera producción de teleperformance ocurrió en febrero del 2001, en un espectáculo llamado *The Technophobe and the Madman*, la cual presentó los temas sobre la alienación y el deseo a partir de un espacio conectado por 6 canales, en donde los actores intercambiaban comunicación a través de una dirección IP, conectándose con otras audiencias y actores al mismo tiempo. Dicho intercambio de comunicación, genera la telepresencia, la cual comprende tres áreas vinculadas a la proyección de espacios: "[...] la vida artificial, la visión de mundos infinitos y la transformación del yo[29] [...]" (Abarca, 2015:25).

Es con esto que al actor se le empezó a considerar como un tele-actor, o bien un teleperformer, al cual según Philipe Quéau, presenta como condición para su categorización en la telepresencia, "[...] el carácter del presente físico en un espacio que no lo es y ante un ente que sugiere una presencia actoral, pero que en realidad denota la ausencia de la misma [...]"[30] (2019:125). Estas imágenes se presentan como simulaciones creadas de una serie de algoritmos y cuyo uso las podemos entender como ventanas hacia un mundo artificial e imaginario, en donde la presencia del actor se encuentra en el espacio actual, y la representación que se proyecta es la imagen de la persona filmada.

Aquí, el accionar del actor repercute en otro espacio al mismo tiempo y la noción de desterritorialización se hace presente; esta noción supone un abandono de la concepción geo-

29 Esta transformación del yo, se refiere a su descomposición en datos digitales y su reconfiguración en una forma diferente a la original, ofreciendo una vista no-física del sujeto.

30 Para Quéau esta dicotomía entre presencia y ausencia es lo que representa la paradoja de estas nuevas modalidades actorales, pues manifiesta que la presencia es lo opuesto a la ausencia, por lo que no se puede hablar de una presencia actoral en algo que no contiene un cuerpo físico, siendo la distancia la encargada de transportar solo representaciones del mismo actor.

gráfica establecida, obligándonos a re pensar la acción como fragmentos proyectados en múltiples pantallas.

En el caso del *cyborg*-actor, tenemos su primera aparición en la escena con la actriz Moon Ribas en el 2007, la cual es conocida por desarrollar e implantarse en el codo un sensor sísmico que le permite percibir todos los movimientos sísmicos del mundo a tiempo real, mediante vibraciones. La intención de Moon se basa en explorar con este dispositivo nuevos sentidos y condicionamientos conductuales, a partir de la percepción de los movimientos de la tierra.

Moon menciona que su cuerpo interpreta la composición coreográfica de la Tierra, la cual genera movimientos en el espacio con distintos ritmos e intensidades.

Otro ejemplo lo podemos encontrar en la actuación de Laura Beloff en su pieza *Appendix* (Figura 2). Dicha pieza muestra a Beloff interactuando con una cola de caballo robótica incorporada en sus glúteos. La cola se comporta de manera independiente al cuerpo de Beloff, no viéndose conectados por sensores en común y teniendo como motivo la exploración de las nuevas relaciones entre dos cuerpos u objetos distintos y con movimientos propios, es decir, entre el cuerpo de Beloff y la cola robótica. A pesar de que podemos ver estos ejemplos como ambiguos y carentes de sentido para la función escénica, son retomados debido a que nos muestran no solo la vigencia del *cyborg* moderno, sin importar si el dispositivo tecnológico esta interno o externo al cuerpo, sino también que nos exponen dos cuestiones que la escena y los actores presenta a estas condiciones; la primera es que muestran a las extensiones corporales tecnologizadas como innecesarias ante la cuestión actor-escena, mostrándolas como solo un complemento de la misma obra, pero que no condiciona su manera de desenvolverse ante su propio cuerpo, y la segunda cuestión nos expone que sin importar los injertos en el actor, la acción corporal del mismo conserva su presencia, distinguiéndose de sus reproducciones en las pantallas. Claro que estas ideas son tajantes en sus propuestas y solo nos presentan dos polos opuestos ante esta cuestión. Ahora bien, si bien se puede presentar una relación entre imagen digital/acción/público, esto no significa que se vuelvan seres totalmente independientes, pues una verdad es que aún y con los avances hechos, la imagen digital requiere a un actor/sujeto que accione su comportamiento en el espacio digital y del cual se retroalimente constantemente para obtener información de cómo accionar en determinadas circunstancias[31]; las piezas robóticas responden a condicionamientos creados por un programador y una serie de algoritmos para representar cierta cantidad de movimientos. Por consiguiente, la presencia del actor y la materialización de su imagen virtual en el mismo espacio escénico adquieren la función de autorreferencialidad, la cual es ejercida mediante el uso de la tecnología.

31 A pesar de que exista una relación entre ambos objetos, el actor no recibe una respuesta a su accionar ante la máquina, siendo solo mostrada la reproducción de esta acción. Por este motivo es que para algunos es correcto decir que el aura del actor proyectado en las pantallas desaparece, volviendo a la imagen proyectada específicamente, una reproducción más del mismo actor.

Capítulo 2
El nuevo ente

La perspectiva posthumana nacida del *cyborg* de Haraway, es decir, el ver al cuerpo en un estado superior o "más allá" de lo que declaran las ciencias y humanidades, considera que la tecnología está transformando lo humano en lo posthumano, creando "[…] un ser híbrido cuyos límites se someten a una construcción y reconstrucción continuas […]" (Mejía, 2015: 32); es por ello que lo posthumano es entendido como algo mucho más que tener una prótesis injertada en el cuerpo. "Significa imaginar a los humanos como máquinas de procesamiento de información, […] y cuyo accionar permite observar una extensión del sujeto que propicia una nueva forma de comunicación entre el individuo y la máquina." (íbid: 48).

Por consiguiente, basándonos en este hecho, se puede presentar dos maneras de entender al posthumano: la primera es la que considera que el posthumano opera dualísticamente, es decir que está formado por un patrón informativo que puede reemplazar a la mente y a un cuerpo, el cual, en cuanto recibe este patrón informativo es considerado como una prótesis; esta visión resulta un poco conflictiva, ya que se contrapone a lo entendido previamente como prótesis, sin embargo al mismo tiempo adquiere sentido si pensamos al cuerpo con este patrón como una prótesis en sí, en donde la mente es equivalente a los datos informáticos y el cuerpo solo se presenta como una envoltura de la nueva mente. La otra manera piensa al posthumano como un ser ontológico que está encarnado en la conciencia, y que actualmente se materializa en el sistema digital.

Ambas maneras son pertinentes para comentar la existencia del avatar en esta época. Anteriormente ya habíamos mencionado un poco la concepción que se tiene del avatar, sus metas planteadas y algunos ejemplos en la escena teatral, dada con *Amores Prohibidos 2.0* y *Second Life*, pero antes de entrar en materia en este caso considero pertinente hacer un breve análisis sobre el soporte que mantiene al avatar, es decir la virtualidad y a lo llamado ciber teatro.

Si bien este concepto también ha generado múltiples postulados, siendo generalmente visto como sinónimo de lo digital, buscaremos plantear una definición que nos permita hacer dicha distinción (cosa que nos servirá para poder entender mejor la referencia que se hace entre actor virtual y actor digital), pero sin llegar a excluir totalmente una de la otra, ya que su conexión es inherente a su condición de ficcionalidad. Es inevitable que para dicho punto se retome a Pierre Levy (1998) y su definición de virtualidad. Para Levy la virtualización hace alusión "[...] a aquello que es inverso a la actualización [...]" (pág. 12), es decir, que la virtualidad es la entendida como "la mutación de una identidad [...]" (íbid), siendo respuesta a una cuestión específica. Podemos decir que lo virtual es un "estar fuera de" donde la imaginación, el conocimiento y la memoria son factores que permiten la virtualización, ya que de ellos la informática y redes digitales hacen uso, además es un espacio donde dichas cosas "fuera de" mantienen una existencia[32].

32 Esto, lo que nos dice, es que la virtualidad no es inherente a la Red o a los medios tecnológicos, pues se trata de concebir un espacio que tiene existencia en aquellas cosas que no entran en nuestra realidad, por lo que nuestro sueños o nuestra imaginación

Aquí lo interesante es observar cómo la comunicación e interacción social no son tomados como elementos necesarios para su constitución[33], por lo que estos objetos virtuales no requieren una comunicación para reafirmar su existencia, ni siquiera parecen necesitar de un público que los observe. Entonces ¿cómo es que cuando hablamos de lo virtual hacemos la relación directa con la Red?

Esto es debido a que el concepto se ha ido ampliando a través de los años, y por eso la virtualidad, hoy en día, no solo hace referencia a lo que se encuentra en potencia y fuera de, sino que también hace referencia a la actualización constante de una entidad con vida propia, adquiriendo un estatus de dispositivo de comunicación, al cual la sincronización reemplaza el lugar y la interconexión sustituye la unidad de tiempo.

Lepage (2008,2019) con base en Lévy, reafirma la idea de que "cada forma de vida inventa su mundo [...]" (pág. 5), escapando de la noción clásica del tiempo para formar parte de espacios mutantes.

De ahí se saca la idea de hablar de una virtualización de la máquina computarizada para ampliar el espacio-tiempo, conllevando a la heterogeneidad de los mismos y reproduciendo 3 características humanas: "el lenguaje", el cual pasa de ser verbal "[...] a uno codificado por datos basados en 0 y 1 [...], la técnica o la acción [...]", la cual se entiende como "[...] el conocimiento interno y externo de su constitución basada en

---

es –en potencia- un espacio virtual, tornándonos seres virtuales cada vez que hacemos uso de estos espacios.

33 En la filosofía escolástica, lo virtual es aquello que existe en potencia pero no es acto, en otra palabras, no se concretiza de una manera formal. Una de sus características es el hecho de poseer virtualidades, es decir, que este estado posee su problemática, un vínculo de tensiones, y presiones, internos o externos que los animan, así como las cuestiones que las motivan. Esto es a lo que hace referencia Lévy cuando menciona su oposición con la actualización, ya que la actualización es una creación dinámica para solucionar un problema, y lo virtual no forzosamente se manifiesta en una solución.

una cultura[...]" (Íbid: 6,7); en este caso la virtualización de la acción se refiere al acto extendido del cuerpo del sujeto. Por último, "[...] el contrato o las reglas de comportamiento [...] que genera el sujeto para articular y mediar su conducta en lo social, político, cultural, etc. [...]" (íbid: 8). De una manera técnica, el contrato es en sí un elemento virtual, pero se hace la diferencia en el hecho de los nuevos sistemas del lenguaje-máquina que requiere el uso de reglas que modulen la interacción del otro con su nuevo entorno y el cual tiene la facultad de cambiar el interior del hombre y sus relaciones con el mundo debido a que se crean nuevos imaginarios que moldean la experiencia del sujeto. Ante esto, considero que una mejor definición de lo virtual para nuestros días es:

Aquel proceso que inicia como un imaginario y que para su materialización debe pasar por un proceso de codificación que transforma e intercambia datos para presentar a un ente que puede ser controlado por acciones externas pre programadas, y que al mismo tiempo puede tener la capacidad de comunicar, interactuar y modificar su entorno, teniendo como condición que su existencia solo es válida en ese mundo (Martínez, 2020).

De tal modo, esta definición propuesta engloba a todo ente que pueda presentarse en ese mundo, eliminando –por ahora- a aquellos sujetos o cuerpos que plantean una interacción directa y binomial entre el mundo real y el virtual[34]. Cabe recalcar que esto solo se plantea de dicha manera para facilitar su estudio y no significa que lo virtual y lo digital sean con-

34 En este caso los *cyborgs*, y los avatares que requieran una retroalimentación constante con el cuerpo actoral o del sujeto para poder accionar su condición no entrarían en esta categoría. En cambio, las imágenes proyectadas pre filmadas, los hologramas y los avatares totalmente codificados para mantener una interacción con base en algoritmos y software que condicionan su comportamiento, son los que entrarían en esta categoría.

ceptos separados, ni que no tengan una relación entre sí, pues como ya vimos, en este caso se hace referencia a la virtualidad a partir de las máquinas computarizadas. Con base en esta definición es que podemos proponer otra categorización referente al nuevo ente, el cual es visto como el futuro actor.

Este "nuevo actor" lo dividiremos en actor virtual y actor digital con el fin de desarrollar mejor sus características y exponiendo qué es lo que aparece en la escena teatral; si bien este "nombre" dado para hablar de este fenómeno no considero que aún sea correcto, lo mantendremos así, para delimitar su idea, siendo necesario retomar el concepto de actor y vislumbrar si este nombre temporal es idóneo para describir al ente mediatizado.

2.1 ¿Qué es el actor en la época contemporánea?

Hablar del actor nos condiciona a remitirnos a pensar en aquel individuo que encarna a un personaje ficticio, que requiere de un proceso de acercamiento al mismo y que convive con el espectador, siendo su cuerpo el vehículo que muestra su gestualidad, y sin embargo ante las constantes innovaciones que se tienen para mostrar una "mejor" gestualidad del mismo, me es inevitable el cuestionar sobre la vigencia de este pensamiento.

Karina Mauro (2011) nos dice que en la nueva época se vuelve confuso utilizar el término actor, debido a que, para la nueva escena, cualquier persona que maneje un *software*, una computadora y que permita una transformación de su cuerpo en un cuerpo informático, puede ser visto como un posible actor; para Mauro, este "Yo Actor"[...] permite identificar a cada intérprete/usuario como un artista singular de una cultura mientras dura el momento de la actuación en los nuevos entornos [...]" (Ídem: 11); es decir, que para Mauro los videojuegos de rol son entornos donde el usuario se transforma en una actor digital en potencia, pues adopta a un personaje (muchas veces fantástico) que se desenvuelve en una historia y paisaje condicionados para ciertas acciones, las cuales se activan con el accionar mismo del usuario. Este hecho ha generado gran debate entre el concepto del actor hoy en día, pues quienes siguen la ideología del Círculo de Lingüística de Praga[35] específicamente, retoman al "actor/figura del escenario" como "aquella estructura del personaje que determina su construcción a partir del cuerpo del actor y que habita en un triple nivel de conciencia: la presencia real, representación y ficción" (Paoletta, 2019: 77).

En esta idea podemos mencionar a David Owen (2017) quien argumenta que esta triple conciencia "[...] no equivale a la pérdida de la esencia del actor [...]"(pág. 79), pues el mismo aún presenta un estado de conciencia durante el proceso de encarnación, por lo que si nos centramos en esta línea, sería correcto concluir que aún y cuando exista una modificación en la propia imagen del actor dada por dispositivos digitales, dicha expansión de su corporeidad no presupone una desterritorialización del cuerpo ni tampoco presenta una diferencia de conciencia en el tema de la representación, pues esto no difiere de representar a otro personaje fuera de sí. Lo único que conlleva este uso de los dispositivos es a condicionar la acción

35 Para el Círculo de Lingüística de Praga (1930) el actor siempre es actor visto como figura del escenario. En donde su funcionamiento del signo en el escenario, distingue a las áreas del texto dramático y el texto espectacular, la recepción teatral y la semiosis teatral.

principal de la actuación para formar parte de una composición de la imagen fragmentada y cuyo principal fin es promover una expectación más activa para poder complementar la obra de una manera asociativa.

De manera opuesta, encontramos teóricos que exponen que este traspaso de las tecnologías digitales y computarizadas si muestra una diferencia entre lo que se presenta en la escena como actor carnal y un "actor" virtualizado o digital. Santaella, como parte de los defensores de esta visión, argumenta que quienes consideran que el actor siempre será el actor físico, no están tomando a consideración "[…] la experiencia por la que transcurre el actor en la actuación mediada tecnológicamente […]" (2010: 100), pues según ella y en un sentido individual, "[…]se genera una nueva experimentación sobre la noción del cuerpo desde el cual, se puede operar […]" y/o "[…] modificar el entorno a través de las acciones que proponen los estados mentales […]" (íbid: 101) (haciendo alusión a una IA), "[…] la codificación establecida y la reacción del actor al verse presentado de tres maneras: como personaje de la obra, como actor que acciona y determina los movimientos del nuevo ente […]" (Íbid: 102) si en este existe la necesidad de retroalimentación en vivo "[…]y al nuevo personaje […]" (Íbid: 102) que bien puede representar a otro más en la escena, o bien como una extensión del mismo cuerpo del personaje/actor.

Como podemos ver ambas perspectivas manejan puntos diversos del suceso, manteniendo como punto de anclaje el nacimiento de la nueva representación a partir del cuerpo actoral, pero ¿esto cómo nos ayuda a definir al actor en la actualidad? Pues ambas partes parecen centrarse más en las consecuencias que el nuevo ente trajo al actor. Si partimos de donde se conoce y establece como partes inherentes al actor, entonces tendríamos que el actor conlleva movimiento, gestualidad, pudiendo hacer uso de los elementos que le otorga su cuerpo, como la modulación de la voz, su ritmo, dando al cuerpo un peso y relevancia como su instrumento expresivo; sin embargo, estudiosos como Betancur en su escrito "El actor como intérprete" (2015) declaman que "[…] el actor contemporáneo se ha visto modificado de sus funciones, las cuales ya no solo se basan en la búsqueda de una representación […]" (pág. 161), es decir, el actor que interpreta, en donde interpretar y representar significan "estar en lugar de", pero también puede significar un equivalente a. (Íbid: 163) Ahora el actor busca su manera de expresar, liberándose de las instrucciones del texto literario-dramático. Si estas ideas las contraponemos con las funciones del nuevo ente, podríamos decir que este ente se vuelve parte del sistema actoral, pues puede llevar un principio de movimiento, voz la cual se puede modular, representando al actor, ya que se ve como un equivalente de, y se muestra en lugar del actor en caso de que este no pueda presentarse en un lugar o en varios lugares a la vez. Quizás aquí lo que nos dé un alumbramiento sería el mismo verbo de actuar, el cual, para Bentacur, "[…] funciona como un disparador de procesos, en donde se ve como equivalente a generar y compartir sensaciones, usando como base y medio, una materia corpórea […]" (*Ibíd*: 164). Esto nos da a entender que mientras se mantenga esta necesidad de una materia corpórea se puede seguir hablando de la potencialidad actoral en un sujeto, es decir, que de nuevo se hace presente la idea del cuerpo ante el entendimiento del actor. Por dichos motivos es que convengo en mencionar –más que tratar de dar una definición- al actor contemporáneo, como un actor carnal, con el fin de hacer la distinción entre el concepto que algunos manejan (como en el proyecto *Emily*) como el "nuevo actor".

2.2 El actor carnal frente al actor virtual

A partir de las relaciones e interacciones generadas entre el espacio real, virtual y digital es que se desarrollan diversas tipologías de acciones dramáticas como: el teatro digital, ciberteatro y teatro de robots. Ya habíamos mencionado antes al ciberteatro, así como también habíamos definido hacer la separación –en la medida de lo posible- de lo virtual y lo digital. En este caso solo nos centraremos en lo que converge y compete a la virtualidad computarizada y cuya acción dramática está protagonizada por actores codificados y que no comparten el mismo espacio en tiempo real con los espectadores, siendo una de sus presentaciones más características aquellas en donde se contempla la función desde las pantallas de su ordenador. Paoletta, haciendo paráfrasis de Gabriella Giannachi (2004,2019) utiliza el término "teatro virtual" y "teatro digital", en donde el teatro virtual refiere "[…] a todas aquellas acciones dramáticas en las que el espectador puede estar presente o no frente a los actuantes […]" (pág. 164), es decir, que aquí lo importante en este tipo de teatro y por ende, en este tipo de modalidad actoral[36], es el hecho de re construir y generar, a partir de una transformación del cuerpo y sus datos, una proyección similar o no al cuerpo original y el cual se rige bajo la idea de una "autonomía" frente a la necesidad de un público y un sujeto que lo retroalimente en tiempo real.

En este caso el ciber teatro y representaciones *on line* no entrarían en nuestra categorización de teatro virtual y por consiguiente sus "actores" tampoco entrarían, o no al menos

36 Debido a que estamos exponiendo las características y los principios que rigen a este tipo de actuación y que de ahí se puede derivar a definir su relación frente al actor, así como su posicionamiento ante el mismo, es que llamaremos a este proceso de estudio como modalidad teatral virtual.

totalmente, pues una de las características del ciber teatro no es su mediación mediante una máquina, sino que el público asiste a una función en tiempo real a través de sus avatares, los cuales requieren de un accionar e instrucciones en tiempo real para poder funcionar. Podemos poner como ejemplo en este caso a los famosos *vocaloids* quienes se presentan con una autonomía fuera de un controlador a tiempo real, pues sus acciones, discurso y movimiento ya fueron pre programados con anterioridad.

Como ejemplo de una obra teatral o escénica podemos mencionar al musical *Time,* realizado en Londres en 1986. El musical proyecta la imagen del actor de –en ese entonces-78 años de edad como un "holograma" inmerso en el espacio escénico y que interactuaba con los actores físicos cada cierto tiempo. Otro ejemplo lo tenemos con el proyecto *Emily,* este proyecto nació en 2008 en California y presenta como producto la primera foto realista animación digital de una cara con gestualidad (ver mapa 3). La intención de este proyecto fue crear a un actor fotoreal a través de solamente gráficos de computadora y datos desmenuzados digitalmente para su comprensión en el sistema, el cual cumpliera con los requerimientos clave para la escena y más específicamente, en el campo del cine.

Uno de los resultados de este proyecto lo podemos ver en el largometraje *El extraño caso de Benjamin Button.* SIGRAPPH ante este proyecto mencionan "The Curious Case of Benjamin Button, released Christmas Day 2008, was the first feature film to feature a photoreal human virtual character, [...] was constructing as a detailed characters as possible and then driving them with motion capture" [*El curioso caso de Benjamin Button,* realizado en navidad del 2008, fue la primera película que presenta a un personaje humano-virtual fotorealista, fue construido como un personaje detallado para después darle movimiento con captura de movimientos] (2008: 10)

Esta nueva propuesta tiene como características la apariencia realista sin importar el tipo de ángulo usado por las computadoras y las cámaras animadas, reproduciendo la misma acción(es) sin tener como condicionantes el tipo de espacio a trabajar y los impedimentos físicos para ciertas expresiones, en especial aquellas cuya duración es prolongada.

Este ejemplo del proyecto Emily nos pone en cuestión una de las principales propiedades que posee el actor carnal frente a este nuevo ente; el cuerpo presenta límites y esto es algo que llevó a Laurence Oliver a proponer un "holograma" para suplantarlo y representarlo al mismo tiempo, pues una enfermedad le impidió realizar dicho musical.

Una realidad es que el ente creado por computadora carece de los inconvenientes carnales como el hambre, la fatiga, el sueño, la enfermedad o la muerte, proponiéndose como lo describe el posthumanismo, como un ser más allá de lo humano, o sea, este ente posee características que lo relacionan de manera visual a un ser humano, pero que lo supera en cuanto cualidades limitantes que en él se hallan. Por otro lado actores como Rafael Spregelburd rechazan esta idea del teatro virtual y sus personajes virtuales en una condición actoral, pues para él este término es contradictorio, ya que "[...] una de las cualidades del teatro es su capacidad de convivio [...]" (2019: párr. 7) y dicha capacidad solo se puede dar si el actor y el espectador se encuentran en un mismo espacio y compartiendo un mismo tiempo histórico, de otro modo a lo filmado o computarizado no se le puede llamar teatro, debido a que se corre el riesgo de perder el convivio ante las infinitas reproducciones que la modalidad *on line* puedan otorgar.

"El teatro es una experiencia, no un relato. Una experiencia que se vive así, en vivo y en tiempo real"[37] (Íbid: párr.9). Si por un lado nos encontramos que el nuevo ente puede otorgar una mayor cantidad de posibilidades y con menores factores de atraso o problemáticas (tal como la idea de la súper marioneta de Craig), por el otro nos encontramos con su constitución paradójica, para poder crear a este nuevo ente es necesario llenar la base de datos informáticos con la información dada por un individuo, el cual puede otorgar sus características físicas, alimentando al programa para simular las emociones y reacciones, pero no se puede simular –aún- ni mucho menos recrear el nivel interno del cuerpo, es decir, aquella empatía dada por la relación de entendimiento ante las emociones y el complejo entramado que posee nuestra personalidad y pensamientos autónomos ante un entorno cambiante, es algo que nos puede dar el actor físico. A este proceso de recreación entre el cuerpo y lo virtual es denominado "descarnamiento de la subjetividad" (Santaella; 2010). Es decir que el nuevo cuerpo o avatar "[...] no puede ser habitado como un cuerpo físico, pues es considerado como una extensión que reproduce los signos y gestos generados por el cuerpo material [...]" (pág. 225).

2.3 La concepción del actor digital

Según la definición de la RAE (2019), lo digital "es toda aquella cosa que tiene relación con la máquina y que sumi-

37 La entrevista se puede ver en https://www.ellitoral.com/index.php/id_um/240553-el-teatro-solo-se-alimenta-de-las-crisis-entrevista-escenarios-amp-sociedad.html

nistra datos mediante dígitos o elementos finitos" (párr.1)[38], permitiendo la interacción con el sujeto sin la necesidad de recrearse en la Red bajo una imagen y teniendo en su memoria la recolecta de información guardada en dígitos o datos, los cuales pueden o no ser descodificados para generar un producto con características humanas. Esto quiere decir, que lo digital no forzosamente conlleva a lo virtual, pero si se vuelve parte de él, ya que es lo digital lo que le da soporte y salida a lo virtual.

Bajo esta lógica podemos describir como ejemplos a los metadatos usados para analizar el consumo y búsquedas más usadas por persona, llegando incluso a englobar a aquellas propuestas estéticas que presentan al paisaje como los datos brutos de la máquina[39]. En relación a la escena teatral, y debido a que debemos distinguir más claramente los proyectos y propuestas que podemos englobar en esta categoría, describiremos al "teatro digital" como "[...] aquel que pone énfasis en la misma constitución digital [...]" (Serrano, 2017: 145), sin llegar al realismo del cuerpo a codificar y "[...] que integra los datos recolectados como parte de su memoria [...]" (Íbid), sin importar que la fuente de información se encuentre en tiempo real. En este caso el teatro digital se diferencia del virtual debido a que acepta que el espectador y actores compartan el mismo espacio en tiempo real como una condición a seguir, pero la acción está mediada por las máquinas computacionales produciéndose una interacción cercana entre el espacio digital

38 Los elementos finitos son aquellos cuya división puede darse en elementos más pequeños con el fin de resolver un problema complejo. Se propone un número infinito de variables desconocidas, las cuales son sustituidas por un número limitado de elementos bien definidos, los cuales propician la realización de las tareas computacionales de una manera eficiente.

39 Un ejemplo de esto lo encontramos con la *big data* o los espacios inmersivos de Ryoji Ikeda.

y el espacio real. Aquí podemos mencionar a las manifestaciones como el cyborg actor, los avatares que requieren una interacción en tiempo real con los usuarios para poder moverse (como Second life), los cyber performances, el teatro robots y el cyber teatro.

Para poder distinguirlos expondremos, de una manera general, a lo que hace referencia cada uno de ellos. Entendemos por cyberperformance a "[...] aquella puesta en escena que se rige bajo lo entendido por *performance,* y en donde los actores y el público comparten el mismo espacio escénico [...]" (Pellisa, 2013: 26), solo que la interacción entre los actores se da de manera *on line.* Es en este punto cuando a los actores carnales, también se les da el adjetivo de digital, ya que esta categoría no está peleada con la condición carnal del actor, es decir, que en el caso de los actores digitales y las propuestas dentro de la misma categoría, no se sufre una sustitución y eliminación de la condición carnal para presentar una escena, como sucede en el caso de lo propuesto como virtual. Con el término de ciberteatro se hace referencia a "[...] las acciones que suceden en un espacio [...] donde el espectador y el actor comparten el mismo espacio creado artificialmente en tiempo real [...]" (Íbid). Por otro lado, el teatro de robots sería aquel en que "[...] los actores adquieren elementos tecnológicos visibles compartiendo con el público el mismo espacio en tiempo real [...]" (Íbid: 27).

Como podemos observar, una característica común que poseen este tipo de obras es el hecho de compartir un mismo espacio, sin definir al mismo como el espacio habitado real, entendiéndose que, aunque los actores y espectadores se encuentren en lugares geográficamente distintos, siempre y cuando compartan un mismo espacio en común, el cual puede ser artificial y visto en pantalla, se puede hablar de la existencia de un teatro digital. Un ejemplo de esto lo encontramos con el ya mencionado *El Mago de Oz de la Neurona Pérdida.* En esta representación teatral *on line* los actores eran avatares, cuya voz y movimientos estaban controlados en tiempo real por un usuario, transformando al mismo en un actor-usuario en potencia, pudiendo controlar el espectáculo a través de la pantalla.

En cuestión con la idea del actor digital, se vuelve a retomar el hecho de la definición dada para lo digital. Pondremos como "actor digital" a "todo aquel que, en su carácter de actor, posea un elemento maquinal computacional, y el cual se presente como una extensión del cuerpo del actor, retroalimentándose constantemente para el accionar de la imagen proyectada" (Martínez, 2020). En este caso podemos poner aquí no solo a los *cyborg* actores, como ya se había mencionado, sino también a las proyecciones en tiempo real y a los avatares que requieran la intervención de un usuario-actor[40] para activar su movimiento, tal y como vemos en el ejemplo de Second Life. Una de las características que expone este tipo de teatro y modalidad de actuación es el hecho de

> [...] manifestar una fragmentación del cuerpo en distintos espacios, reproducido en un tiempo real [...] y por la cual se puede experimentar sensaciones de dispersión y expansión de la propia presencia física[41] [...], debido a la distribución

40 El usuario-actor es aquel sujeto que en su condición de usuario conectado a una red y manipulador de un avatar creado, se ve como un actor –en potencia o no- en el mundo en el cual se encuentra conectado y del cual es necesaria su intervención para recrear la historia y acciones de su personaje en ese entorno artificial.

41 La cuestión sobre la conciencia diferida del actor hace referencia al plano mental de quien realiza y acepta la nueva modalidad. Según esta idea, el actor se predispone de un modo distinto al estado mental adoptado para el desarrollo del personaje dramático convencional, produciendo en el actor un desdoblamiento de la atención cuando suman un espacio artificial.

> del mismo en distintos soportes, ubicados en un espacio común [...]" (Paoletta, 2019:161).

Sin llegar a referirse como una entidad autónoma a dicha proyección o avatar.

Capítulo 3
La nueva mirada social

Debido a la inclusión de dichos avances en nuestra vida cotidiana y en especial en el campo de las artes, es que se debe revisar el cambio que supuso dicha intromisión desde una perspectiva social.

La mirada desde la realidad virtual constituye un nuevo modo de percibir el espacio, el tiempo y la subjetividad para y del individuo, acuñando un nuevo término llamado la cibercultura[42]. La interconexión de los usuarios con las máquinas computacionales son producidos gracias a la información que se materializa a través de la decodificación de los datos en una simulación de la imagen o el sonido, por lo tanto esta interconexión supone "[...] una percepción o estado mental diferente y diferida a la experiencia física, [...] volviendo la permanencia en la Red efímera" (Millas, 2019:97).

La percepción es conocida "como el proceso cognitivo inicial por el que se construye conocimiento fundamentado en la experiencia con nuestro entorno inmediato" (íbid: 100). A pesar de que su definición abarca no solo a lo real, sino también a lo virtual, no podemos decir que es así con lo digital, ya que dicho entorno se vuelve incomprensible empíricamente, cuyo lenguaje difiere de nuestra comunicación tradicional; es por

42 La cibercultura, como su nombre lo dice, es toda cultura asociada a las redes informáticas y, por ende, de la realidad virtual.

eso *Yedra* (2019) hace la distinción de la cibercepción. *Yedra*, basándose en Millas y Ascott es que define a la ciberpercepción "como el cambio cualitativo que las tecnologías digitales provocan en la percepción del ser humano [...]. Adquiriendo un status de receptor y emisor en el proceso de trasferencia de la información multimediatizada" (pág.95). Al ser esta realidad un simulacro no corporal," [...] en donde el juego de lenguajes e imágenes de la realidad prima [...]" (Íbid), se asume, por tanto, que no se puede vivir en él, es decir, que no es un hábitat, pero sí se puede actuar en él. El diseñador y escultor digital KEI nos dice:

> I'm inclined to believe that the audience is seeing the model rendered on screens while the performers are just pretending; the conductor can do whatever he wants as a result, because the person offstage will react to the conductor's movements, not the other way around. [Estoy inclinado a creer que lo que la audiencia está viendo es un modelo renderizado en las pantallas, mientras que los *performers* solo pretenden; el conductor puede hacer lo que quiera como resultado, debido a que la persona fuera de la escena reaccionará a los movimientos del conductor y no de manera viceversa] (2009, párr. 3)

Es así como la inclusión de los medios tecnológicos en el espacio escénico modifica la percepción de la teatralidad en las obras donde percibimos como hibridez al cuerpo escénico. Esta interacción con las imágenes digitales produce un cambio de paradigma en la labor del actor donde ahora tiene que ejercer su labor en espacios habitados a través de una red interconectada. Generalmente cuando se trata de una producción online, la perspectiva que se presenta es en primera persona, la cual "[...] permite asumir al usuario que los hechos acontecidos, le están pasando a él [...]" (Pellisa, 2013: 30), en cambio si se tiene una perspectiva en tercera persona, bajo estas representaciones, "[...] se deja de ser percibido a uno mismo como el centro de la acción para pasar a tomar la posición de un observador" (Íbid), como ocurre en una sala teatral.

Aunque la representación puede o no presentar la idea de una mente colectiva en la obra, sí se puede manifestar la existencia de una mente conectada, la cual genera la construcción de nuevas identidades escogidas por el usuario y permitiendo la posibilidad de experimentar la telepresencia y una redescripción de su persona. Estas nuevas expresiones juegan con la expectación, de manera que se combina la realidad/ irrealidad de una manera súper inmersiva y multimediatizada.

3.1 Desarrollo e implementación del actor virtual/digital en Latinoamérica

En Latinoamérica no se ha visto una proliferación en cuanto al uso de representaciones ciberteatrales, actuaciones con modalidades y representaciones virtuales y/o digitales. Esto puede deberse a la falta de recursos para apropiarse de los materiales para realizarlo, así como la escasa inventiva de avances tecnológicos propios en comparación con los de primer mundo. Esto no significa que no haya muestras que presenten estas nuevas modalidades en escena, las cuales mencionaremos a continuación. En Argentina encontramos las obras de *Spam* de Rafael Spregelburd y *Odiseo.com* de Marco Antonio de la Parra, dichas obras funcionan bajo la lógica de la telepresencia, en donde la acción de un actor se presenta en otro espacio al mismo tiempo, y cuya relación entre actores se ve mediada por los dispositivos digitales.

Esta transformación del actor en datos digitales, la acción en tiempo real y la interacción dada a partir de los dispositivos tecnológicos, muestran a estas obras –al menos en nuestras clasificaciones propuestas- como un "teatro digital", promoviendo un "tecnovivio" el cual es definido con base a la relación del hombre con la máquina, agrupando en su definición una diferencia en relación a las personas que conviven. Así pues, si dicha interacción "[...] solo se habla desde el punto de vista de los actores-máquina, se dice que existe un tecnovivio monoactivo, en cambio si esta interacción incluye a los espectadores [...] es decir, actor-máquina-espectador [...] entonces se habla de un tecnovivio interactivo"[43] (Paoletta, 2019: 301). En el caso de *Odiseo.com* lo que resalta y nos resulta interesante es el hecho de mostrar la búsqueda de identidad del personaje a partir del uso de los dispositivos tecnológicos, viéndose a las mismas máquinas y sus huellas digitales como indicios que permiten la re-construcción del individuo. Es mediante las proyecciones de filmaciones pregrabadas y la conexión con la cámara abierta que se puede materializar la imagen proyectada (a la cual los actores la llamaron como avatar) en la escena. Sin embargo aquí quisiera hacer una nota; aunque de una manera superficial, el avatar hace referencia a la identidad virtual generada por una computadora, no considero que dicha idea sea la más apropiada para llamar a las imágenes proyectadas en este caso, pues una de sus cualidades y que lo diferencia de la imagen pantalla, es que el avatar tiene la facultad de modificarse a voluntad del usuario, dando estas modificaciones por un software o algoritmos en la red y que depende de la retroalimentación de un cuerpo físico.

43 Este concepto del tecnovivio lo retomo de la tesis doctoral de Ana Paoletta *El actor en la realidad virtual. Artes escénicas, tecnología y aportes sobre teoría de actuación* (2019).

En este caso, como las imágenes son proyectadas tal cual, sin sufrir ninguna modificación y sin pasar necesariamente por el lente divergente digital, contenedor de un software que recree la imagen original y la traslade a un mundo creado como tal, no se puede hablar forzosamente de un avatar; más bien lo que tenemos aquí es una imagen proyectada a tiempo real y que simula al cuerpo del actor de manera fragmentada.

Otro ejemplo lo podemos dar con Margarita Bali y su grupo *Nucleodanza*, el cual "tiene como fin presentar en sus puestas escénicas espacios alternos que incentiven al bailarín-actor a combinar sus cuerpos con la tecnología, desarrollando diversas formas de aproximación entre el cuerpo físico y el cuerpo proyectado" (Íbid: 126). Esto se puede observar en su obra *Doblar mujer por línea de puntos* la cual crea la idea de biodrama[44] sobre la vida entre real y la vida de ficción del propio intérprete.

En el caso de la escena teatral mexicana podemos mencionar al ejemplo de *Mentes salvajes* de Víctor Carrasco. Esta obra presenta como su soporte la plataforma de Zoom, siendo su tema principal el testimonio de cinco personas que padecen de una adicción a soñar, haciendo referencia no al acto de dormir, sino al acto virtual (es decir, en potencia) de imaginar mundos y vidas distintos a lo real vivido.

La pieza no presenta más que el diálogo entre el actor-personaje y un escucha desconocido, al cual los actores no pueden ver, ya que no se realiza la acción de abrir la cámara a los espectadores, pero que, se asegura, está presente, viéndolos y escuchando sus problemas con su adicción. Si bien, esta pieza no maneja una interacción o la reconstrucción del cuerpo

44 Parece ser que Bali hace referencia al biodrama como aquella interacción generada entre dos organismo distintos, sin embargo no se clarifica si en esta idea ambos organismos mantienen un grado de vida, tal y como lo postulaba los mundos bioinmersivos.

como anteriormente hemos mencionado en otras propuestas, lo interesante son dos cuestiones: la primera es el hecho de presentar la virtualidad no solamente como un soporte de transmisión, sino también como el entendido por Lévy, en donde lo virtual se presenta como aquello que "[...] no está en el mundo real, pero que posee existencia propia y se puede manifestar como una potencia de existencia [...]" (Lévy, 1998:10), el cual es, en este caso, los sueños. La segunda, es la manera cómo modifican la interacción con el espectador en el la Red. Hemos explicado que otras propuestas buscan la comunicación con el espectador en tiempo real, mostrándolos como parte activa en la construcción de la historia, o incluso como personajes del mismo por medio de la construcción de sus avatares, pero esta propuesta no lo presenta de esa manera.

En *Amores prohibidos 2.0* los espectadores-usuarios determinaban algunas acciones de los personajes, mediante la elección de una de las opciones que manejaba el software de la obra, pero en *Mentes salvajes*, no existen esas opciones, es decir, los actores sobreentienden que existe un público que los ve y escucha, pero no es un elemento que se haga visible como en una sala teatral, haciéndolo notar no cuando están hablando todos los personajes como si fuera una reunión de Zoom. Cada actor se hace notar cuando cada personaje toma control de la pantalla y empieza a manifestar su diálogo, como si supiera que alguien lo está escuchando. En otras palabras, podemos decir que la presencia del espectador se da por medio de la ausencia del mismo. Si bien, aun no podemos hablar de una mayor inmersión tecnológica digital en la escena mexicana, e incluso de algunos países latinos como la ya mencionada Argentina, la cuestión actoral sigue siendo un factor a considerar. ¿Cómo se posicionan los actores ante esta implementación de lo llamado como teatro digital? El actor Pablo Astiazarán menciona que, con base a su experiencia en esta nueva modalidad, el teatro puede manifestarse desde múltiples soportes, pero no podrá cambiar su necesidad de presentarse ante un público físico y con actores de carne.

> En mi punto de vista, esto no es teatro, porque el teatro es un diálogo constante entre el espectador y el actor. Y a pesar de que aquí se hace en vivo y sí hay un espectador y está aquí en vivo, el actor no lo siente [...], yo no siento ni la risa, ni la tos, ni el silencio ni nada, entonces yo creo que es cualquier cosa, pero no es teatro, es un híbrido, es una cosa nueva que no existía y dadas las circunstancias de ahora se creó. (Astiazarán, 2020 párr. 4)

Aunado a esto, algunos escultores digitales concuerdan que al exponer este nuevo ente los "actores de carne y hueso y virtuales están condenados a complementarse [...] no podrá renunciar a unos ni otros si desea explotar todas las posibilidades del audiovisual [...]" (Aya Suzuki y Marlon Núñez. 2019 párr. 1), sin embargo, estos creadores aceptan que "aun cuando haya matices personales a los que solo pueda llegar un humano y no su doble creado por ordenador, hay apariencias que es más fácil lograr de manera más convincente recurriendo al personaje virtual que sustituye al real". (Marlon Núñez, 2019 párr. 13)

Ahora bien, como último ejemplo ponemos al proyecto en progreso *Virtual Performances-laboratorio*[45]. Este proyecto nació en 2008, pero hasta la fecha no ha presentado un fin. Fue propuesto por un "colectivo" internacional, donde personas

45 Su manifiesto, así como sus progresos se pueden visualizar en http://www.alternativateatral.com/obra22990-virtual-performances-laboratorio-para-teatro-virtual

de Alemania, Argentina y Brasil propusieron este proyecto, el cual no presenta una territorialidad definida.

Virtual performances-laboratorio consiste en una serie de videoconferencias en donde se expone retomar el tema de la migración, visto desde la WorldWideWeb, en donde las personas se transforman en datos, información y avatares.

El video chat se vuelve la herramienta de comunicación para los nuevos migrantes, los cuales no poseen una identidad definida, pues ellos pueden modificar su constitución cuantas veces quieran. Aquí podemos rescatar lo dicho por la compañía Troika Ranch, al mencionar que las

> [..] herramientas como el vídeo, el software digital y la telepresencia son importantes para nosotros porque el arte, para ser relevante en la sociedad contemporánea, al mismo tiempo debe abarcar y analizar la cultura contemporánea actual. La integración de medios de comunicación emergentes, mantiene vivo el teatro [...] Pero, lo más importante, comunica la densidad real y necesaria que refleja el intenso mundo de *los media* en el que vivimos[46]. (2012, párr. 6)

La pregunta central, en este ejemplo, se vuelca en el foco de lo entendido por migrantes, un tema muy común en Latinoamérica. Si la Red y sus dispositivos están modificado todo lo conocido y entendido en nuestro entorno, y una de sus principales características es el hecho de no mostrar una "discriminación" dada por raza o lugar de origen, permitiendo la apertura sin restricciones a datos y visualizaciones de contenidos a cualquier país conectado a la Red, así como su comunicación sin fronteras entre diferentes partes del mundo,

46 Se puede checar la entrevista realizada en la página http://www.troikaranch.org/technology.html

entonces ¿Cómo se debe entender el concepto de migración hoy en día? ¿Acaso todos nos volvemos migrantes digitales al momento de conectarnos e interactuar en la Red?

En este ejemplo se expone el concepto de desterritorialización a partir de la idea de la migración, pues los actores se pueden encontrar en cualquier lugar del ciberespacio, interactuando a partir de lo digital y proyectando sus nuevas vivencias como habitantes en el cibermundo. ¿Qué significa estar en otro lugar? ¿Qué es ser extranjero en los tiempos del ciberespacio? Son las preguntas que –al parecer- constantemente se andan preguntando.

En este proyecto las locaciones siempre son distintas, modificando también las personas no actores con los que tienen comunicación para platicar sobre este tema, lo cual mantiene coherencia con el tema migratorio y la cualidad efímera que provee el ciberespacio.

Conclusiones

La concepción e idea que se tuvo con los títeres, vistos como aquellas alteridades manipulables, que pueden representarnos en otros mundos, sin una necesidad de concederle una conciencia propiamente, no ha desaparecido; ahora lo que vemos es una modificación de su imagen en donde su cuerpo ya no nace de la madera, ni presenta como necesidad el uso de "hilos" físicos o de una maquinaria interna que regule sus acciones. El títere pasó a la máquina, de la máquina se transformó en robot, el robot en autómata, de autómata a máquina informacional, y de este nació sus múltiples transformaciones en *cyborgs modernos*: avatares, hologramas, tele-actores, entre otros. Siendo aceptados por la escena teatral y mostrando una relación conflictuada entre actor-nuevos entes.

Si bien en esta última brecha las características de cada uno se relacionan en el nacimiento con la Red y su necesidad de uso para su supervivencia, cada uno de ellos se diferencia entre sí, por el simple hecho de aportar como principal función una cierta característica; el *cyborg* actor expone a la vigencia del pensamiento moderno sobre la constitución humana, en donde el sujeto se vuelve un híbrido, y es esa hibridez lo que conjuga su esencia con su nuevo entorno mediatizado.

Los avatares, por su parte, presentan una visión en donde el cuerpo sufre una descodificación en dígitos y algoritmos, traducidos en un nuevo espacio, y transformándolo en una imagen que bien puede o no ser como la original. Con los avatares es que se empiezan a presentar las ideas de revaluar los grados de vida conocidos y las cualidades que proveen a ese mundo virtual; es decir, esta virtualidad, a la cual hace referencia, presenta una relación donde la desterritorialización, el *aión* y la re-construcción del cuerpo y su entorno se encuentran soportadas por el medio digital, presentando a su vez, un yo tecnologizado (término dado por Kozak), el cual se presenta más como una extensión del cuerpo que como un ente autónomo, experimentando una relación entre presencia y ausencia, proyectando al concepto del cuerpo como un tecno-cuerpo.

En cuanto a la cuestión de la escena teatral y el lugar del actor, presentamos a las nuevas manifestaciones como entes, más que como actores, ya que no podemos asegurar que en estos momentos el nuevo ente sea un actor por sí mismo, pues su materialidad y existencia conlleva a la necesidad de otros factores para su alimentación. Como ya vimos, el avatar y las proyecciones de imágenes llevan a recurrir al cuerpo del sujeto/actor para condicionar sus movimientos, su voz (aunque esta pueda ser modificada) y su apariencia, que, si bien puede o no ser la del sujeto, sí se requiere la base del esqueleto humano para construirlo.

A pesar de que teóricos e investigadores argumenten que el avatar suplantará al humano, y el cual manifestará una conciencia diferida del actor al tener que controlar su cuerpo y espacialidad a la par de otro con una espacialidad y dimensiones diferentes, la realidad hasta el día de hoy nos sigue reiterando la presencia del actor/sujeto ante la presencia del avatar. En este caso el actor se confronta con la imagen corporal que se había elaborado sobre su cuerpo, dándole al avatar una apariencia de estar vivo y tener conciencia de las acciones que realiza con una aparente autonomía, pero al mismo tiempo el actor puede modificar su accionar sabiendo que a su vez, se modificaría la conducta del avatar.

Es por lo mismo, que por más que estos entes busquen parecerse (y de la cual resulta parte de la paradoja de la máquina en sí) al hombre aún carecen de la esencia de los mismos, el alma, expresada en emociones y pensamientos autónomos, reforzado por una psicología y personalidad inherente a cada individuo, es con lo que aún no cuenta estos nuevos cuerpos. Por lo mismo es que considero que si bien los entes digitales y virtuales se han visto como un recurso escénico, esto no significa que adquieran una cualidad actoral en su totalidad, por lo que expongo que estos seres son parte del actor mismo, viéndose como herramientas para expandir su corporalidad visto en un sistema actoral y explorando las posibilidades que dichas herramientas nos ofrecen.

Si bien es cierto que esto ha modificado nuestra percepción y entendimiento del cuerpo, así como la manera de relacionarnos con él y nuestro entorno, no supone la eliminación de las visiones más clásicas de lo entendido por cuerpo, actor y comunicación.

La repetición exacta y sin cambios se torna monótona y deja de aportar algo a la escena y sin embargo, estos nuevos entes son una realidad con la cual debemos convivir, debido a que el cuerpo se ha modificado para formar parte de la Red, produciendo este tecno cuerpo, presentándose como un cuerpo conectado, donde las relaciones se median por una computadora, sin importar el grado de interacción que el sujeto realice. Son estas cualidades las que dan paso a lo que Millas llamó como ciberpercepción, viéndose parte integra de las ciberculturas actuales.

Ahora bien, en el caso de hablar de la inclusión de estos nuevos entes y modalidades actorales en Latinoamérica y en especial en México, observamos que dichos elementos aún carecen de un desarrollo y exploración por parte de los creadores, encasillando a la idea de lo virtual/digital únicamente como un soporte de transmisión; es decir, que se piensa que solamente por transmitir y mostrar una obra en una plataforma, esta obra se vuelve en una categoría de teatro digital u online. Esta idea queda muy corta en la cuestión de las posibilidades que se plantean, pues, aunque obras como *El inspector del gobierno* propuesto por el TEC de Querétaro, se presenten bajo esta modalidad, no inmiscuyen una interacción con los dispositivos tecnológicos, los cuales muchas otras veces, solo son usados como modos de construcción escénica. Sin embargo, no se debe desmeritar a exploraciones teatrales como *Mentes salvajes* o *Virtual Performances*, que, si bien no presentan de una manera innovadora una exploración del cuerpo del actor en estos nuevos modelos, sí proponen comprender nuestra realidad a partir de los cambios y modificaciones que conlleva la introducción de las "súper máquinas" en nuestra vida. Teatralmente es correcto decir que no ha habido una gran exploración, pero eso no significa que no exista, al menos por características expuestas, un uso de lo que lo virtual y lo digital engloban en la escena latinoamericana.

Anexos

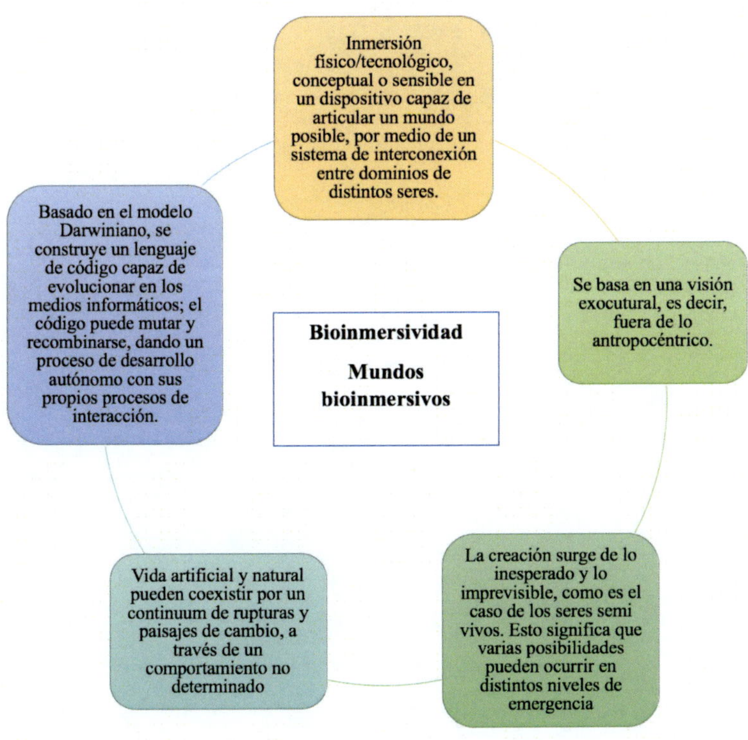

Inmersión físico/tecnológico, conceptual o sensible en un dispositivo capaz de articular un mundo posible, por medio de un sistema de interconexión entre dominios de distintos seres.
Basado en el modelo Darwiniano, se construye un lenguaje de código capaz de evolucionar en los medios informáticos; el código puede mutar y recombinarse, dando un proceso de desarrollo autónomo con sus propios procesos de interacción.
Bioinmersividad
Mundos bioinmersivos
Se basa en una visión exocutural, es decir, fuera de lo antropocéntrico.
Vida artificial y natural pueden coexistir por un continuum de rupturas y paisajes de cambio, a través de un comportamiento no determinado
La creación surge de lo inesperado y lo imprevisible, como es el caso de los seres semi vivos. Esto significa que varias posibilidades pueden ocurrir en distintos niveles de emergencia

Mapa 1. Principales postulados de la bioinmersividad de Hernández-García Iliana en *Creatividad artificial en los mundos bioinmersivos.* 2017.

Figura 1.
El Mago de Oz de la Neurona Perdida. 2008

Nota. Imagen tomada de su presentación disponible en *Youtube* por *La neurona Perdida*, 2008, Youtube (https://www.youtube.com/user/juanca-minantecortes)

Figura 2. *Appendix*. Laura Beloff. 2012

Nota. Imagen tomada de la página web https://www.realitydisfunction.org/?page_id=23

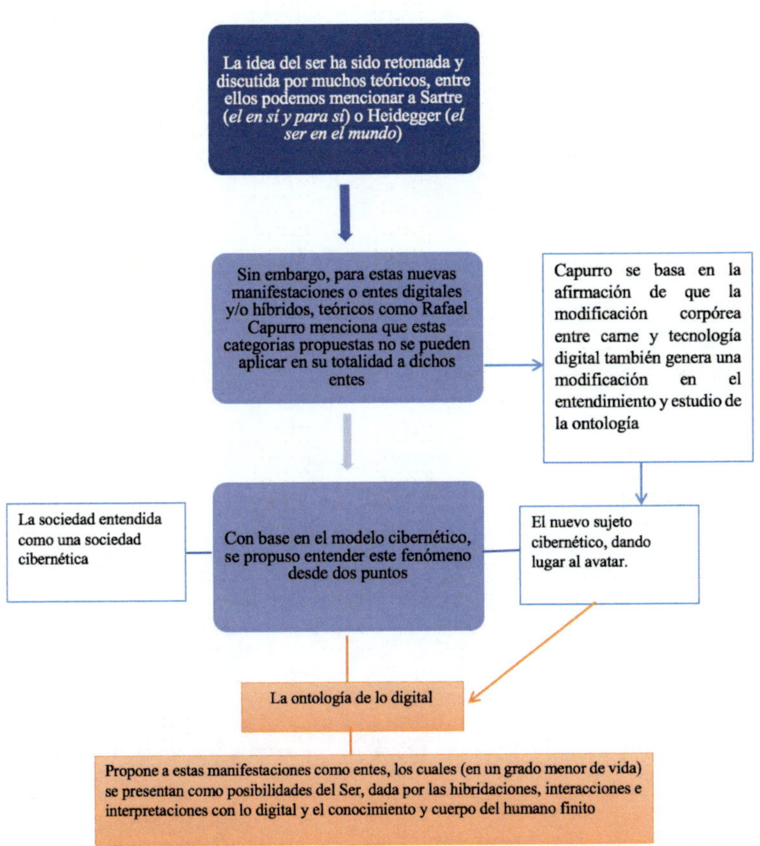

Mapa 2. *Tránsito a la ontología de lo digital basado en Castañares*, Wenceslao (2011*)* "Realidad virtual, mímesis y simulación *CIC". Cuadernos de Información y Comunicación, vol.* 16, pp. 59-81 Universidad Complutense de Madrid Madrid, España.

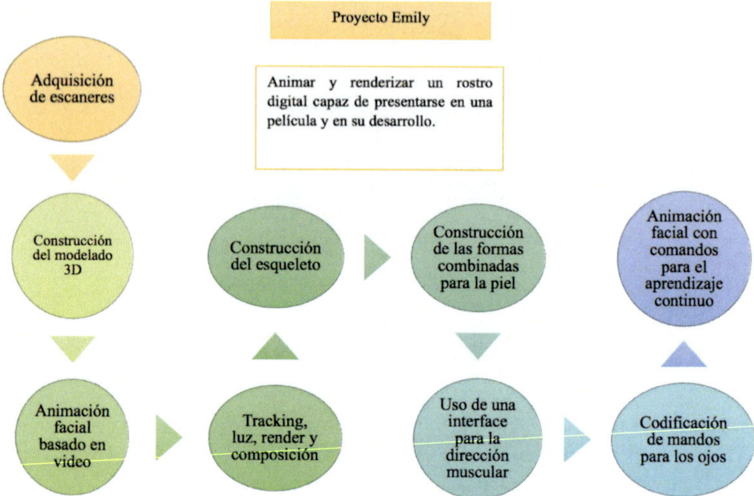

Mapa 3. Proceso de creación del proyecto Emily de SIGGRAPH. (2008). *Creating a Photoreal Digital Actor: The Digital Emily Project.* USC Institute for Creative Technologies

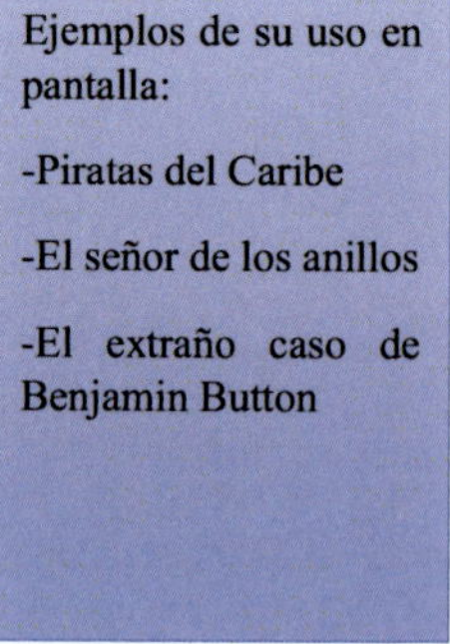

Ejemplos de su uso en pantalla:
-Piratas del Caribe
-El señor de los anillos
-El extraño caso de Benjamin Button

Referencias

Bibliografía citada (citas y referencias)

Chica Cañas, Alonso (2009). *La concepción de la entidad virtual desde la perspectiva de la inteligencia.* Bogotá: Universidad de Santo Tomás. Recuperado de file:///C:/Users/nuevo/Downloads/DialnetLaConcepcionDeLaEntidadVirtualDesdeLaPerspectivaDe-3439007.pdf

Encinosa, Lázaro (2016). *Innovación y subdesarrollo: la paradoja de las tecnologías "blandas" en dirección.* Habana: Centro de estudios de técnicas de dirección. Pp. 2-4

Entrevista elDiario.es (2019) Los animadores digitales creen que el actor real y el virtual deben complementarse. https://www.eldiario.es/cultura/animadores-digitales-creen-virtual-complementarse_1_1557798.html

Ferrada-Sullivan, Jorge (2019). "Sobre la noción del cuerpo en Maurice Merleau-Ponty". *Cinta de moebio, número 65,* 159-166 pp. file:///C:/Users/nuevo/Downloads/sobre%20la%20nocion%20del%20cuerpo.pdf

Mejía, Iván. (2014/2015 cuarta reimpresión). *El cuerpo posthumano. En el arte y la cultura contemporánea.* México: Ediciones FAD

Real Academia de la Lengua Española. Actualización del 2019. https://dle.rae.es/. Consultado el 11/06/2020.

Schiavoni, Jaqueline Esther (2018), "Realidade virtual e lógica do espaço Galáxia (São Paulo)", núm. 39, Setembro--Dezembro, pp. 165-176

Paoletta, Anabel. (2019). *Arte y tecnología: Cuerpo, teatro y virtualidad.* Buenos Aires: TECC

Paoletta, Anabel (2019). *El actor en la realidad virtual. Artes escénicas, tecnología y aportes sobre teoría de actuación.* (Tesis doctoral). Universidad Nacional de Córdoba. Facultad de Artes. Argentina.

Bibliografía consultada

Camilleri, Frank. (2015). *Towards the Study of Actor Training in an Age of Globalised Digital Technology [Hacia el estudio del entrenamiento actoral en la era de la globalización tecnológica digital]* England: Routldege, pp 16-29

Braidotti, Rosi (2015). *Lo posthumano.* Barcelona: Gedisa.

Deleuze, Gilles (2016). *La lógica del sentido.* Chile: Universidad ARCIS

Dubatti, Jorge (2014) *Filosofía del teatro III.* Buenos Aires. Atuel

Esparza, Lizbeth (2016). *La importancia del training para ser actor teatral total.* México: Universidad Autónoma del Estado de México (párr.27,28)

Feher, Michael (1991). *Fragmentos para una historia del cuerpo humano.* Madrid: Taurus.

Haraway, Donna (1995) "Manifiesto para cyborgs: ciencia, tecnología y feminismo socialista a finales del siglo XX", en *Ciencia, cyborgs y mujeres. La reinvención de la naturaleza.* Madrid: Cátedra.

Giannetti, Claudia (2002). *Estética digital. Sintopía del arte, la ciencia y la tecnología.* Barcelona: ACC L'Angelot.

Hernández García, Iliana (2016). *Mundos bioinmersivos: La creatividad en evolución.* Pontificia Universidad Javeriana: Bogotá.

Kozak, Claudia (2012). *Tecnopoéticas argentinas. Archivo blando de arte y tecnología.* Buenos Aires: Caja negra.

Lepage, Louise (2008-2019). *'Posthuman Perspectives and Postdramatic Theatre: The Theory and Practice of Hybrid Ontology in Katie Mitchell's Waves'. Culture, Language and Representation* 6 pp. 137-50. (Edited article)

Owen, David (2017). *Player and Avatar. The Affective Potential of Videogames.* United States of America: McFarland & Company Inc. Publishers. Recuperado de https://books.google.com.mx/books?id=tUnDwAAQBAJ&pg=PA39&lpg=PA39&dq=phelan+y+el+actor+virtual&source=bl&ots=0ZBttuB_Tj&sig=ACfU3U1C4Yqp9I0EWLwRua6foKFo0ebjww&hl=es&sa=X&ved=2ahUKEwi59vLksPqAhWPQc0KHexoBTYQ6AEwA3oECAgQAQ#v=onepage&q=phelan%20y%20el%20actor%20virtual&f=false

Piscitelli, Alejandro (2009). *Ciberculturas 2.0. En la era de las máquinas inteligentes.* Barcelona: Páidos

Sosa, Ricardo. (2002) *Virtual, electrónico, digital no son sinónimos.* Recuperado de http://www.elcastellano.org/ns/edicion/2002/abril/virtual.html

Santaella (2003, 2010) *Culturas e artes do pós-humano. Da cultura das mídiasá cibercultura.* São Paulo. Paulus

SIGGRAPH (2008). *Creating a Photoreal Digital Actor: The Digital Emily Project.* USC Institute for Creative Technologies.

Wang Wentao (2019) *Design, User Expirience, and Usability. Applications Domains.* Orlando: Springer

Revistas científicas

Abarca, Jesús (2015). "Arte y telepresencia: La experiencia del arte a través de la pantalla". *Revista de estética y teoría de las artes Fedro. Número 14.* Pp. 22-35 http://institucional.us.es/fedro/uploads/pdf/n14/abarca.pdf

Betancur, Juan David (2015). "El actor como intérprete". *Revista Colombiana de las Artes Escénicas, número. 8.* Pp. 3-10 http://vip.ucaldas.edu.co/artescenicas/downloads/artesescenicas8_14.pdf

Butler y Paul B. Preciado de Martín A. De Mauro Rucovsky. "Íconos, revista de ciencias sociales", número 59. 1-6 pp. file:///C:/Users/nuevo/Downloads/cuerpos%20en%20escena.pdfFernández Aragón, María. (2015). Reescribir la escena: Una escena radical. *Revista de artes La tempestad (No. 105)* Págs. 115-117.

Castañares, Wenceslao (2011) "Realidad virtual, mímesis y simulación CIC". *Cuadernos de Información y Comunicación, vol.* 16 , pp. 59-81 Universidad Complutense de Madrid Madrid, España.

Leibrandt, Isabella (2007). "El cyborg: las tecnologías como extensión del humano en la ciencia ficción". *Revista UNAM. Vol. 8, número 9.* http://www.revista.unam.mx/vol.8/num9/art73/int73.htm

Lopéz Pellisa, Teresa. (2013) "La pantalla en escena: ¿Es teatro el ciberteatro?" *Revista Letral número 11,* 24-39 pp. https://revistaseug.ugr.es/index.php/letral/issue/view/244

Ramírez, Antonieta (2017). "Cuerpos en escena. Materialidad y cuerpo sexuado en Judith".

López Pellisa Teresa 2013. "¿Es teatro el ciberteatro?" Número 11, Año 33 15 Brenda Laurel (ápud Rheingold, 1994: 218):

Villaseñor, Javier (2018). "Ramas del arte digital: El reino de lo intangible". Revista Código, Recuperado de https://revistacodigo.com/arte/lista-ramas-del-arte-digital/

Yedra, Rubén (2019). "Juan José Millas y la ciberpercepción: tecnologías audiovisuales". *Revista AnMal electrónica, número 46.* Pp. 96-107. file:///C:/Users/nuevo/Downloads/Dialnet-JuanJoseMillasYLaCiberpercepcion-6971672.pdf